MANUEL

DES

ÉLECTIONS

LÉGISLATIVES

PAR V. LEGAY

CONSEILLER DE PRÉFECTURE DE LA SARTHE

PARIS

PAUL DUPONT, IMPRIMEUR-ÉDITEUR

1863

MANUEL
DES ELECTIONS
LÉGISLATIVES

TYPOGRAPHIE

MONNOYER FRÈRES, AU MANS

(Sarthe).

MANUEL

DES

ÉLECTIONS

LÉGISLATIVES

PAR V. LEGAY

CONSEILLER DE PRÉFECTURE DE LA SARTHE

PARIS

PAUL DUPONT, IMPRIMEUR-ÉDITEUR

1863

PRÉFACE

L'approche de l'époque fixée par la Constitution pour le renouvellement du Corps législatif donne un caractère particulier d'opportunité à toute œuvre ayant pour but de contribuer à propager la connaissance de la législation électorale. Pénétré de cette pensée, nous avons adopté pour notre travail la forme la plus pratique, nous n'avons rien négligé pour le rendre facile à consulter. Les questions, dont l'électeur peut désirer la solution, ont été divisées autant que possible, morcelées pour ainsi dire, et à chaque question nous avons répondu en citant le texte même de la loi, commenté par la jurisprudence. Le commentaire de la loi électorale se trouve dans les délibérations du Corps législatif, les arrêts de la Cour de cassation, et les circulaires du ministère de l'Intérieur. Le Corps législatif, seul juge de la validité des élections, a proclamé, dans ces dernières années, divers principes électoraux, qu'il convient de ne point perdre de vue; il y a tout lieu de présumer que, le cas échéant, ces principes seront adoptés et consacrés à nouveau par la prochaine assemblée. La Cour de cassation a dans son domaine la solution des demandes en inscription ou radiation des listes électorales, les questions relatives à la distribution des bulletins de vote, aux circulaires et professions de foi des candidats. Enfin, son Exc. M. le Ministre de l'Intérieur a mission de diriger les maires dans la confection des listes, d'indiquer aux présidents des colléges électoraux les moindres détails de la tenue de ces assemblées. Il ne suffit donc pas de lire attentivement les décrets organique et réglementaire du 2 février 1852, pour connaître la loi électorale ; il faut, de toute nécessité, étudier en outre les circulaires du ministère de l'Intérieur, les arrêts de la Cour de cassation, et les décisions du Corps législatif. Les maires n'ayant guère le loisir de faire des recherches longues, sinon difficiles, nous avons pensé pouvoir leur être utile en leur fournissant un résumé succinct et complet de la jurisprudence en matière d'élections au Corps législatif.

DISPOSITIONS PRÉLIMINAIRES.

1. *Suffrage universel.* — Les députés sont élus par le suffrage universel sans scrutin de liste (Const., art. 36, et D. org. 2 février 1852, art. 3). Il ne faut pas croire, toutefois, que les Français majeurs aient tous, sans exception, le droit de voter. Il existe une capacité électorale, dont nous aurons à étudier les divers éléments. Mais, pour être circonscrit dans certaines limites imposées par la raison et la morale publique, le suffrage n'en est pas moins universel sous le gouvernement impérial. En effet, les conditions de fortune, qui, sous les Chartes de 1814 et de 1830, restreignaient considérablement l'électorat et l'éligibilité ont été le principal objet de la réforme électorale de 1848 ; et l'universalité du suffrage, des droits civiques octroyés au pauvre comme au riche, principe nouveau accueilli par la constitution républicaine, a été proclamée et définitivement consacrée par celle du 14 janvier 1852. « Tous les pouvoirs, disait.

« en 1848, le rapporteur du projet de constitution à « l'Assemblée Nationale, émanent du peuple, c'est-à- « dire de cette collection de citoyens virils dont la « totalité est seule souveraine; cette souveraineté est « une; elle s'exprime par le suffrage universel et « direct pour le choix des hommes qui la représentent; « la majorité de ceux-ci personnifie donc la volonté nationale; la loi émanée de leur vote est l'expres- « sion de cette volonté. »

2. *Sans scrutin de liste.* — L'abolition du scrutin de liste est une des innovations de la législation de 1852. Chaque circonscription électorale élit un seul député; l'électeur n'a plus à inscrire sur son bulletin qu'un nom unique, et émet un vote plus éclairé et plus sincère (Déc. org., art. 2, et Circ. intérieur, 17 février 1852).

3. *Scrutin secret.* — Le scrutin est secret (Déc. org., art. 3).

4. *Suffrage direct.* — Le suffrage est direct (Déc. org., art. 3).

Il est nécessaire ici de faire une excursion dans le passé. « Avant 1789, comme aujourd'hui, dit M. Foucart dans son ouvrage intitulé : *Éléments de droit* « *public et administratif*, les assemblées du royaume, « les états généraux, sortaient de l'élection; mais « une différence séparait les trois ordres dans la « manière d'exercer le droit électoral. Le vote avait

« lieu dans une assemblée générale au siége de chaque « bailliage ou de chaque sénéchaussée. La noblesse « et le clergé séculier y exerçaient directement leur « droit ; le clergé régulier et le tiers-état, au contraire, « se réunissaient avant l'époque fixée pour l'assem- « blée du bailliage, et choisissaient parmi eux des « députés chargés de les représenter dans cette assem- « blée, et de nommer en leur lieu les députés aux « Etats-Généraux. Ce système constituait ce qu'on « appelle aujourd'hui *élection à deux degrés.* » De la révolution de 1789 sortit une nouvelle législation électorale, mais le système de l'élection à deux degrés fut maintenu, et même généralisé. « Les citoyens actifs de chaque canton, dit encore « M. Foucart, réunis dans une assemblée primaire, « désignaient parmi eux un électeur à raison de « cent citoyens actifs ; les électeurs devaient rem- « plir certaines conditions de fortune. L'assemblée « électorale, composée de ces électeurs ainsi dési- « gnés, se réunissait au chef-lieu de département « et nommait un certain nombre de représentants fixé « d'avance par le pouvoir législatif. Sous la consti- « tution du 24 juin 1793, les assemblées primaires « procédèrent directement à l'élection dans tous les « cantons d'une population de 39 à 41,000 âmes. » Ce fut là le premier essai, bien timide encore, du suffrage direct.

« La constitution de l'an VIII créa un système « tout nouveau. Les citoyens de chaque arrondis- « sement désignaient par leurs suffrages ceux d'entre « eux qu'ils croyaient les plus propres à gérer les « affaires publiques, en nombre égal au dixième du « nombre total des électeurs; sur cette liste étaient « pris les fonctionnaires de l'arrondissement. Les « citoyens portés sur les listes d'arrondissements, « dans chaque département, désignaient un dixième « d'entre eux pour former la liste départementale sur « laquelle étaient pris les fonctionnaires du départe- « ment. Enfin, les fonctionnaires portés sur la liste « départementale désignaient encore un dixième « d'entre eux, et c'est sur cette troisième liste que le « sénat élisait les législateurs, les tribuns, les consuls, « les juges de cassation et les commissaires à la comp- « tabilité. On le voit, c'était une sorte de suffrage « universel à trois degrés, ayant pour résultat une « présentation de candidats. »

Avec la Charte de 1814, le suffrage devint direct, et les constitutions qui se sont succédé depuis cette époque, ont toutes respecté ce principe de notre droit public. « L'élection directe est en effet, dit M. de « Grimaldi, marquis des Baux, dans ses études si « judicieuses et si élégamment écrites sur les divers « systèmes électoraux en France, est la seule qui con- « vienne au peuple. Dans le gouvernement représen-

« tatif, comme dans l'état populaire, que le principe « démocratique l'emporte ou bien le principe monar- « chique, le droit des citoyens à l'élection est toujours « le même. Il consiste à nommer les représentants, « et non pas ceux qui les nomment. Choisir des élec- « teurs, ce n'est pas choisir des députés. D'ailleurs, « le droit de suffrage est personnel, et ne se trans- « met point. Il est indivisible et ne souffre point de « partage. Reconnaître un corps intermédiaire entre « l'électeur et le député, c'est créer deux classes de « représentants au lieu d'une : les électeurs repré- « sentants des colléges primaires, et les députés repré- « sentants des électeurs. Or, ce n'est pas dans l'élec- « tion, mais dans le gouvernement, que le peuple « doit être représenté. L'élection lui appartient en « propre, il faut qu'elle lui soit laissée pleine et en- « tière. »

5. *Vote à la commune.* — Les électeurs se réunissent au chef-lieu de leur commune (Déc. org., art. 3). Il y a donc autant de colléges électoraux que de communes. Sous l'empire de la loi du 15 mars 1849, les électeurs se réunissaient au chef-lieu de canton.

6. *Sections de colléges.* — Chaque commune peut être divisée, par arrêté du préfet, en autant de sections que le rend nécessaire le nombre des électeurs inscrits ; l'arrêté peut fixer le siége de ces sections hors du

chef-lieu de la commune (Déc. org., art. 3). Le pouvoir accordé au préfet de fixer le siége des sections hors du chef-lieu de la commune est un pouvoir nouveau, que ne lui avait pas concédé la loi du 15 mars 1849.

DE L'ÉLECTORAT.

7. *Ses conditions.* — Pour être inscrit sur une liste électorale, il faut avoir :

1° La qualité de Français ;

2° L'âge de 21 ans accomplis ;

3° Un domicile de six mois dans la commune ;

Et 4° jouir de ses droits civils et politiques (D. org., art. 12 et 13).

8. *Qualité de Français. — Départements annexés.* Les sujets Sardes mineurs, et dont le domicile est établi dans les territoires réunis à la France par le traité du 24 mars 1860, peuvent dans l'année qui suit l'époque de leur majorité réclamer la qualité de Français, conformément à l'art. 9 du code Napoléon.

Quant aux sujets Sardes, qui étaient majeurs lors de l'annexion, ils ont pu pendant un an, à partir du 30 juin 1860, réclamer la qualité de Français. Ceux qui n'ont point usé de cette faculté dans le délai légal ne sont donc point Français, et ne sauraient.

en conséquence, jouir du droit électoral (Décret. 3 juin 1860).

9. *Age de 21 ans.* — Nous verrons, plus loin, que les listes électorales sont l'objet d'une révision annuelle, qui doit être terminée le 31 mars; cette date est celle de la clôture définitive des listes. Il faut donc, pour pouvoir être inscrit, avoir accompli à cette époque sa vingt-et-unième année (Déc. org., art. 13).

10° *Domicile.* — On ne peut exercer le droit électoral que dans la commune où l'on habite depuis six mois au moins. Cette condition de domicile doit être acquise au 31 mars au plus tard (Déc. org., art. 13).

11. *Domicile : fonctionnaires publics.* — Par une faveur exceptionnelle, les fonctionnaires publics sont inscrits sur la liste électorale de la commune dans laquelle ils exercent leurs fonctions, quelle que soit la durée de leur domicile dans cette commune. (Loi du 31 mai 1850, art. 5, et arrêt de la C. de cassation, 11 mai 1858) (1).

Ils ne jouissent, toutefois, de cette faveur qu'à la condition d'être domiciliés dans la commune même où ils exercent leurs fonctions ; il ne suffit pas qu'ils soient

(1) Qu'il nous soit permis de nous étonner de la décision de la Cour Suprême. La loi du 31 mai, en effet, a été abrogée en totalité par le décret du 2 décembre 1851, prononçant la dissolution de l'Assemblée Nationale.

domiciliés dans le canton (Arr. de la C. de cassation. 22 janvier 1851).

L'électeur, qui remplit des fonctions publiques dans deux communes différentes, peut, si aucune de ces fonctions n'est attributive d'un domicile exclusif dans le sens de l'art. 107 du code Napoléon, réclamer son inscription dans la commune où se trouve fixé son domicile de fait (Arrêt. 18 juin 1851).

Le bénéfice de l'art. 5 de la loi du 31 mai 1850 ne s'étend ni aux enfants des fonctionnaires, ni aux personnes attachées à leur service (Arrêts. 28 août 1850. et 2 avril 1851).

12. *Sens étendu de l'expression : fonctionnaire public.* — L'expression fonctionnaire public est prise, par l'art. 5, dans le sens le plus large, le plus étendu. La Cour de cassation a rendu de nombreux arrêts au sujet de l'application de cet article. C'est ainsi, notamment, qu'elle considère comme fonctionnaires publics et dispense, à ce titre, de la condition des six mois de domicile, les catégories d'individus dont la nomenclature suit :

Archiviste municipal. — Arrêt. 21 août 1850 ;

Agent-voyer cantonal. — Arr. 9 juillet 1851 ;

Avoué. — Arr. 9 avril 1851 ;

Bureau de bienfaisance (membre d'un). — Arr. 5 novembre 1850 ;

Cantonnier-chef. — Arr. 21 août 1850 ;

Chemin de fer (employé soumis au serment par la nature particulière de son emploi, et chargé de dresser des procès-verbaux de contraventions). — Arr. 27 août 1850 ;

Commis-greffiers près les cours, tribunaux, ou justices de paix. — Arr. 14 août 1850 et 3 mars 1851 ;

Conseil académique (délégué cantonal d'un). — Arr. 16 avril 1851 ;

Conseil municipal (membre d'un). — Arr. 11 novembre 1850 ;

Doctrine chrétienne (frère de la), commissionné à titre d'instituteur communal. — 12 novembre 1850 ;

Eaux thermales (inspecteur d'un établissement d'), bien que rétribué par l'établissement. — Arr. 21 août 1850 ;

Enregistrement (surnuméraire de l'). — 20 novembre 1850 ;

Facteur dans une halle. — Arr. 26 août 1850 ;

Facteur rural. — Arr. 5 novembre 1850 ;

Garde nationale (membres des conseils de discipline de la). — Arr. 20 novembre 1850 ;

Garde particulier. — Arr. 6 novembre 1850 ;

Gendarme. — Arr. 20 août 1850 ;

Greffiers près les cours ou tribunaux. — Arr. 14 août 1850 ;

Huissier. — Arr. 1 juillet 1851 ;

Instituteur public. — Arr. 5 novembre 1850 ;

Mairie (secrétaire de). — Arr. 21 août 1850 ;

Notaire. — Arr. 12 et 19 août 1850 ;

Place forte (portier-consigne d'une). — Arr. 14 août 1850 ;

Percepteur surnuméraire. — Arr. 13 nov. 1850 ;

Postes (entreposeur des). — Arr. 9 avril 1851 ;

Postes (maître de). — Arr. 22 janvier 1851 ;

Préfectures et sous-préfectures (employés des). — Arr. 12 et 20 août 1850 ;

Sergent de ville. — Arr. 21 août 1850.

Mais la Cour suprême ne reconnaît pas la qualité de fonctionnaire public, et refuse, en conséquence, le bénéfice de l'art. 5 aux personnes qui appartiennent aux catégories suivantes :

Abattoir, considéré comme établissement public. (homme de peine dans un). — Arr. 21 août 1850 ;

Cantonnier (simple). — Arr. 21 août 1850 ;

Conseil municipal, dissous antérieurement à la révision des listes électorales (membre d'un). — Arr. 9 avril 1851 ;

Doctrine chrétienne (frère de la), simple auxiliaire de l'instituteur, et non commissionné. — Arr. 18 novembre 1850 ;

Fabrique (membre d'un conseil, et trésorier de) — Arr. 14 août 1850 ;

Garde nationale (officier de la). — Arr. 9 avril 1851 ;

Instituteur privé. — Arr. 5 novembre 1850;

Paroisse (sonneur de cloches dans une). — Arr. 6 août 1850.

13. *Commission, ou brevet à produire.* — Il ne suffit pas de se dire fonctionnaire public ou employé du gouvernement pour se faire inscrire sur la liste électorale en cette qualité, il ne suffit même pas de rapporter une déclaration du chef d'un établissement. En l'absence de toute commission ou brevet émané de l'autorité publique, seule preuve de la fonction dont on se prétend investi, le maire doit repousser l'application de l'art. 5 dont on se prévaut devant lui (Arr. 11 novembre 1850).

14. *Domicile : ministres des cultes reconnus.* — Les ministres en exercice des cultes reconnus par l'État sont, ainsi que les fonctionnaires publics, dispensés de la condition du domicile semestriel (Loi du 31 mai 1850, art. 5, et arrêt de la C. de cassation, 11 mai 1858).

Si la qualité seule d'ecclésiastique ne place pas celui qui en est revêtu dans l'exception établie par l'art. 5, et si cet article exige, pour la jouissance de cette exception, que l'ecclésiastique soit en exercice, il faut reconnaître que le prêtre, que son évêque a attaché comme professeur à l'instruction ecclésiastique dans un petit séminaire, se trouve réellement en exercice dans le sens de la loi électorale, puisqu'il contribue, comme prêtre professeur, à préparer les jeunes gens à l'exercice du saint ministère (Arr. 27 août 1850).

Le prêtre, qui est attaché comme aumônier à l'exercice du culte dans une communauté religieuse, a le droit d'être porté sur la liste électorale, en vertu de l'art. 5, § 2 (Arr. 19 août 1850).

Les ecclésiastiques en exercice, soit dans une paroisse, soit dans le sein d'un établissement ecclésiastique, jouissent du droit d'être inscrits sur la liste électorale de la commune où ils remplissent leur ministère sous l'obédience de l'évêque diocésain (Arr. 11 novembre 1850).

Sont ministres du culte en exercice, les ecclésiastiques attachés comme professeurs d'un établissement clérical, dans lequel ils remplissent, en outre, les fonctions de leur ministère comme prêtres (Arr. 11 novembre 1850).

15. *Domicile : Députés au Corps législatif.* — Les membres de l'Assemblée Nationale avaient le droit, aux termes de la loi du 31 mai 1850 (art. 5), de requérir leur inscription sur la liste électorale du lieu où siégeait l'assemblée : ceux qui n'avaient pas requis cette inscription ne pouvaient voter qu'au lieu de leur domicile. Ce privilége appartient-il aujourd'hui aux députés du Corps législatif? Si nous ne devions consulter que le décret du 2 décembre 1851, par

lequel le Prince-président a dissous l'Assemblée Nationale, notre réponse serait certainement négative. Ce décret a, en effet, abrogé de la manière la plus formelle et en totalité la loi du 31 mai 1850. Mais la Cour de cassation, devant les arrêts de laquelle il faut nécessairement s'incliner en cette matière, a déclaré le 11 mai 1858, à l'occasion de la dispense de domicile accordée aux fonctionnaires, comme nous l'avons vu plus haut, que l'art. 5 de la loi du 31 mai était encore en vigueur. Il y a donc lieu de présumer, que, le cas échéant, elle reconnaîtrait aux députés au Corps législatif le droit de voter, à leur choix, au lieu où siége l'assemblée, ou dans la commune où ils ont leur domicile.

16. *Domicile : Elèves des séminaires.* — Les élèves d'un séminaire peuvent-ils être portés sur la liste électorale de la commune où ce séminaire est situé, quand ils ont les conditions d'âge et d'habitation exigées par l'art. 13 du décret du 2 février 1852? La condition d'habitation est-elle réputée remplie même par les élèves, qui, après avoir quitté le séminaire pendant les vacances, y sont rentrés depuis moins de six mois lors de la clôture définitive de la liste électorale, et leur habitation antérieure doit-elle leur être comptée, s'il n'est point établi qu'ils étaient sortis du séminaire sans esprit de retour? Ces deux questions ont été posées devant la Cour de cassation ;

mais, pour rendre son arrêt (Blanc, c. Allier et consorts, 23 avril 1860), la Cour n'a pas eu besoin de les résoudre. On ne peut donc prévoir quelle serait sa jurisprudence. Nous nous contenterons de constater que, dans l'affaire où les questions dont s'agit ont été soulevées, le juge de paix, dont la décision était déférée à la Cour, les avait résolues affirmativement.

17. *Domicile* : *Militaires et marins.* — Les militaires en activité de service, et les hommes retenus pour le service des ports ou de la flotte, en vertu de leur immatriculation sur les rôles de l'inscription maritime, sont portés sur les listes des communes où ils étaient domiciliés avant leur départ. Ce domicile, pour les jeunes gens entrés dans l'armée en vertu de l'appel, est celui de recrutement défini par l'art. 6 de la loi du 21 mars 1832 ; pour les engagés volontaires, le domicile de départ est celui mentionné dans l'acte d'engagement (Déc. org., art. 14; Circ. min. de l'Int., 7 février 1852, et 18 novembre 1853).

Les militaires et marins ne peuvent voter pour les députés au Corps législatif que lorsqu'ils sont présents, au moment de l'élection, dans la commune où ils sont inscrits (Déc. org., art. 14).

Les militaires faisant partie du contingent de l'armée active sont réputés présents sous les drapeaux, quoique momentanément laissés dans leurs foyers comme soutiens de famille ; ils sont, en effet, à la disposition immédiate du ministre de la guerre, et, en cette qualité, ils doivent être inscrits sur les listes des communes où ils étaient domiciliés au moment où ils ont tiré au sort (Arr. C. de cass., 11 novembre 1850).

Le militaire retraité ne peut se prévaloir du droit que la loi électorale lui confère de voter dans la commune où il a satisfait au recrutement, lorsqu'il y rentre en quittant les drapeaux, pour exercer son droit électoral dans une autre commune où il n'a point acquis le domicile semestriel. Il est loisible, sans doute, au militaire qui quitte le service de se retirer dans une commune autre que celle où il a son domicile d'origine; mais il ne peut y exercer ses droits électoraux qu'à la condition d'y avoir au moins six mois d'habitation (Arr. C. de Cass., 18 novembre 1850).

18. *Jouissance des droits civils et politiques.* — La loi électorale a pris soin d'énumérer d'une manière limitative (1) toutes les incapacités, de sorte qu'en cette matière il est permis de regarder comme jouis-

(1) De ce principe que l'énumération faite par la loi des incapacités électorales est limitative, il résulte que les condamnations correctionnelles encourues pour des délits non prévus par la législation, par exemple, pour port illégal de la croix de la Légion d'honneur, n'entraînent pas la privation du droit de l'électorat. (Voir *Moniteur*, 2 mars 1859, aff. Migeon.)

sant de leurs droits civils et politiques tous les Français ayant 21 ans accomplis, et ne se trouvant dans aucun des cas prévus par les art. 15 et 16 du D. org. du 2 février 1852 (*Dictionnaire de l'Administration française*, de M. Maurice Block).

Le D. org. n'a pas modifié la législation précédente en ce qui concerne les conditions de l'électorat ; il a seulement augmenté la nomenclature des incapacités prononcées par les lois des 15 mars 1849 et 31 mai 1850. L'autorité du suffrage universel ne peut que s'accroître par l'épuration des éléments qui le composent (Circ. min. de l'Intérieur, 7 février 1852).

L'individu condamné pour un délit autre que celui auquel est attachée l'incapacité d'exercer les droits électoraux, ne peut être privé de ces droits, sous prétexte que le fait qui a été l'objet de la condamnation présente sous quelques rapports les caractères du délit prévu par la loi électorale ; la condamnation doit avoir pour cause ce délit lui-même (Arr. C. de cass., 2 avril 1851).

Il convient de faire remarquer également que les individus qui se trouvent dans un des cas d'incapacité prévus par la loi électorale, demeurent privés du droit de vote, alors même que le jugement de condamnation n'a pas été exécuté. La remise de la peine n'efface ni la condamnation, ni les effets qu'elle a produits au point de vue électoral (Arr. C. de cass., 21 août 1850).

Nous examinerons successivement les diverses incapacités, et les diviserons en incapacités perpétuelles et temporaires. Ces dernières ne durent que cinq ans à dater de l'expiration de la peine.

19. *Incapacités perpétuelles.* — Sont frappés d'une incapacité perpétuelle, et, en conséquence, ne peuvent jamais être inscrits sur les listes électorales :

1° Les individus privés de leurs droits civils et politiques par suite de condamnation, soit à des peines afflictives ou infamantes, soit à des peines infamantes seulement (L. 15 mars 1849, et D. org., art. 15, § 1) ;

2° Ceux auxquels les tribunaux, jugeant correctionnellement, ont interdit le droit de vote et d'élection, par application des lois qui autorisent cette interdiction (L. 15 mars 1849, et D. org., art. 15, § 2);

3° Les condamnés pour crime à l'emprisonnement, par application de l'art. 463 du Code pénal (D. org., art. 15, § 3);

La condamnation à l'emprisonnement pour faux en écriture privée, est réputée prononcée pour crime, par application de l'art. 463 du Code pénal, et emporte exclusion des listes électorales, quoiqu'il ne soit pas fait mention, dans l'extrait du greffier qui constate cette condamnation, d'une déclaration de circonstances atténuantes (Arr. C. de cass., 6 janvier 1851).

4° Les individus condamnés à trois mois d'emprisonnement, comme coupables d'avoir vendu ou débité des boissons falsifiées contenant des mixtions nuisibles à la santé, ou d'avoir trompé un acheteur sur la nature ou la quantité d'une marchandise, à l'aide de faux poids ou de fausses mesures (Art. 318 et 423 du Code pénal, L. 15 mars 1849, et D. org., art. 15, § 4) ;

5° Les condamnés pour vol, escroquerie, abus de confiance, soustraction de deniers publics ou de dépôts, ou attentats aux mœurs, quelle que soit la durée de l'emprisonnement (Art. 330 et 334 du Code pénal, L. 31 mai 1850, et D. org. art. 15, § 5) ;

6° Les individus condamnés pour outrage à la morale publique et religieuse, ou aux bonnes mœurs, et pour attaque contre le principe de la propriété et les droits de la famille (Loi du 17 mai 1819, art. 8 ; Décret du 11 août 1848, art. 3 ; L. 31 mai 1850, et D. org. art. 15, § 6) ;

7° Les individus condamnés à plus de trois mois d'emprisonnement en vertu des art. 31, 33 à 36 inclusivement, 38 à 42 inclusivement, 45 et 46 du Décret organique (D. org. art. 15, § 7) ;

8° Les notaires, greffiers et officiers ministériels destitués en vertu de jugements ou décisions judiciaires (L. 31 mai 1850, et D. org., art. 15, § 8) ;

L'officier ministériel destitué par un jugement rendu

après sa condamnation à une peine afflictive ou infamante, est incapable, malgré sa réhabilitation, d'exercer les droits électoraux, la réhabilitation n'étant relative qu'à l'arrêt de condamnation, et laissant subsister le jugement de destitution et les conséquences légales qu'il a produites (Arr. C. de cass., 31 mars 1851);

L'officier ministériel, révoqué par suite de la suspension prononcée disciplinairement par un jugement sur le vu duquel le Chef du gouvernement a prononcé la révocation, encourt l'indignité établie par la loi électorale. Dans ce cas, le gouvernement a prononcé comme juge, et sa décision peut être assimilée à un jugement de destitution (Arr. C. de cass. des 14 et 21 août, et 11 novembre 1850);

9° Les condamnés pour vagabondage ou mendicité (L. 31 mai 1850, et D. org., art. 15, § 9);

10° Les individus condamnés à trois mois de prison au moins, comme coupables d'avoir volontairement brûlé ou détruit d'une manière quelconque des registres, minutes, actes originaires de l'autorité publique, des titres, billets, lettres de change, effets de commerce ou de banque, contenant ou opérant obligation, ou d'avoir, à l'aide d'une liqueur corrosive ou par tout autre moyen, volontairement gâté des marchandises ou matières servant à la fabrication, ou d'avoir dévasté des récoltes sur pied ou des plants venus naturellement ou faits de main d'homme, ou abattu un ou plusieurs arbres qu'ils savaient appartenir à autrui, — ou mutilé, coupé ou arraché des arbres de manière à les faire périr — ou détruit une ou plusieurs greffes, — ou enfin d'avoir empoisonné des chevaux ou autres bêtes de voiture, de monture ou de charge, des bestiaux à cornes, des moutons, chèvres ou porcs, ou des poissons dans des étangs, viviers ou réservoirs (Art. 439, 443 à 447 inclusivement, et 452 du Code pénal; L. 31 mai 1850, et D. org. art. 15, § 10);

11° Ceux qui auront été déclarés coupables d'avoir tenu des maisons de jeux de hasard, et d'y avoir admis le public, soit librement, soit sur la présentation des intéressés ou affiliés, ou d'avoir été banquiers, administrateurs, préposés ou agents de ces établissements, — ou d'avoir établi ou tenu des maisons de prêt sur gages ou nantissements, sans autorisation légale, ou bien, ayant une autorisation, de n'avoir pas tenu de registres conformes aux règlements, contenant de suite, sans aucun blanc ni interligne, les sommes ou objets prêtés, les noms, domicile et profession des emprunteurs, la nature, la qualité, la valeur des objets mis en nantissement, — ou d'avoir contrevenu à la loi du 21 mai 1836 portant prohibition des loteries (Art. 410 et 411 du Code pénal, L. 31 mai 1850, et D. org., art. 15, § 11);

Le journaliste qui, en exécution de la loi du 21 mai 1836, a été condamné à une amende pour avoir annoncé une loterie étrangère et ses tirages annuels, doit être compris dans l'exclusion prononcée par le paragraphe précédent (Arr. C. de cass. 7 août et 19 novembre 1850) ;

12° Les militaires condamnés au boulet ou aux travaux publics (L. 31 mai 1850, et D. org., art. 15, § 12);

13° Les individus condamnés à l'emprisonnement par application des art. 38, 41, 43 et 45 de la loi du 21 mars 1832 sur le recrutement de l'armée (L. 31 mai 1850, et D. org., art. 15, § 13) ;

Ces articles sont ainsi conçus :

Art. 38. — Toutes fraudes ou manœuvres par suite desquelles un jeune homme aura été omis sur les tableaux de recensement seront déférées aux tribunaux ordinaires, et punies d'un emprisonnement d'un mois à un an, etc., etc.

Art. 41. — Les jeunes gens appelés à faire partie du contingent de leur classe qui seront prévenus de s'être rendus impropres au service militaire, soit temporairement, soit d'une manière permanente, dans le but de se soustraire aux obligations imposées par la loi sur le recrutement, seront déférés aux tribunaux par les conseils de révision, et, s'ils sont reconnus coupables, ils seront punis d'un emprisonnement d'un mois à un an. Seront également déférés aux tribunaux et punis de la même peine, les jeunes soldats qui, dans l'intervalle de la clôture du contingent de leur canton à leur mise en activité, se seront rendus coupables du même délit. La peine portée au présent article sera prononcée contre les complices, etc., etc.

Art. 43. — Toute substitution, tout remplacement effectué, soit en contravention des dispositions de la loi sur le recrutement, soit au moyen de pièces fausses ou de manœuvres frauduleuses, sera déféré aux tribunaux, etc., etc.

Quiconque aura sciemment concouru à la substitution ou au remplacement frauduleux, comme auteur ou complice, sera puni d'un emprisonnement de trois mois à deux ans, sans préjudice de peines plus graves en cas de faux.

Art. 45. — Les médecins, chirurgiens et officiers de santé qui, appelés au conseil de révision à l'effet de donner leur avis, auront reçu des dons ou agréé des promesses pour être favorables aux jeunes gens qu'ils doivent examiner, seront punis d'un emprisonnement de deux mois à deux ans. Cette peine leur sera appliquée, soit qu'au moment des dons ou promesses ils aient déjà été désignés pour assister au conseil, soit que les dons ou promesses aient été agréés dans la prévoyance des fonctions qu'ils auraient à remplir.

Il leur est défendu, sous la même peine, de rien recevoir, même pour une réforme justement prononcée.

14° Les individus condamnés à l'emprisonnement pour falsification de substances ou denrées alimentaires ou médicamenteuses destinées à être vendues, pour vente ou mise en vente de ces denrées, pour tromperie ou tentative de tromperie sur la quantité des choses livrées en vente ou reçues en achat, par l'usage de faux poids, fausses mesures, instruments inexacts, etc. (L. du 27 mars 1851, art. 1er. D. org. art. 15, § 14);

15° Ceux qui ont été condamnés pour délit d'usure (L. du 15 mars 1849, et D. org., art. 15, § 15);

16° Les interdits (L. du 15 mars 1849, et D. org. art. 15, § 16);

L'état d'idiotisme, non constaté par un jugement d'interdiction, ne rend pas celui qui en est atteint incapable d'être inscrit sur la liste électorale (Arr. C. de cass. 31 mars 1851).

17° Les faillis non réhabilités, dont la faillite a été déclarée soit par les tribunaux français, soit par jugements rendus à l'étranger, mais exécutoires en France (L. 31 mai 1850, et D. org., art. 15, § 17);

Le jugement déclaratif de faillite étant exécutoire par provision, le failli non réhabilité ne peut, bien qu'il ait interjeté appel du jugement qui déclare sa cessation de payements, être maintenu sur la liste électorale (Arr. C. de cass., 12 novembre 1850).

Un négociant déclaré en faillite par un jugement par défaut, a le droit de se faire inscrire sur la liste électorale, sur l'exhibition du jugement définitif qui l'a relevé de l'état de faillite et replacé à la tête de ses affaires. Le jugement par défaut, dans ce cas, ne peut faire obstacle à son inscription (Arr. C. de cass., 26 août 1850).

20. *Incapacités temporaires.* — Les condamnés à plus d'un mois d'emprisonnement pour rébellion, outrages et violences envers les dépositaires de l'autorité ou de la force publique, pour outrages publics envers un juré à raison de ses fonctions ou envers un témoin à raison de sa déposition, pour délits prévus par la loi sur les attroupements et la loi sur les clubs, et pour infractions à la loi sur le colportage, ne pourront pas être inscrits sur la liste électorale pendant 5 ans, à dater de l'expiration de leur peine (L. 31 mai 1850, art. 9, et D. org., art. 16).

Deux condamnations à l'emprisonnement pour rébellion, alors que chacune d'elles ne s'élève pas à plus d'un mois, mais que, réunies, elles dépassent cette durée, ne suffisent pas pour motiver l'exclusion d'un citoyen des listes électorales. L'art. 9 de la loi du 31 mai n'a pas eu en vue la durée du temps passé en prison, mais la gravité du fait qui a déterminé la condamnation (Arr. C. de cass., 11 novembre 1850).

Celui qui aura été condamné à plus d'un mois d'emprisonnement pour outrages à des agents ou dépositaires de la force publique, doit être écarté de la liste électorale. L'outrage est un des trois cas prévus par l'art. 9 de la loi du 31 mai (rébellion, outrage, violence). La loi n'attache pas à leur cumulation le caractère d'indignité qu'elle établit (Arr. C. de cass., 19 août 1850).

21. *Tableau des incapacités.* -- Le ministère de Intérieur a publié en 1852 un tableau, par ordre alphabétique, des incapacités électorales. Nous reproduisons ce travail :

TABLEAU DES INCAPACITÉS

qui privent un citoyen du droit de figurer sur les listes électorales.

NOMENCLATURE PAR ORDRE ALPHABÉTIQUE des crimes, délits ou autres causes d'incapacité.	NATURE ET DURÉE des peines emportant l'exclusion de la LISTE ÉLECTORALE.	DURÉE DE L'EXCLUSION.	ARTICLES DU DÉCRET organique du 2 février 1852 prononçant L'EXCLUSION.
Abus de confiance (C. P., art. 406 à 409)........	Emprisonnement, quelle qu'en soit la durée.	Perpétuelle.	Art. 15. § 5.
Arbre abattu, sachant qu'il appartient à autrui (C. P., art. 445).	Emprisonnement de 3 mois au moins.	Id.	Art. 15. § 10.
Arbre mutilé, coupé ou écorcé de manière à le faire périr, sachant qu'il appartient à autrui (C. P., art. 446)........	Id.	Id.	Id.
Attaque publique contre la liberté des cultes, le principe de la propriété et les droits de la famille (loi du 11 août 1848, art. 3).	Quelle que soit la peine.	Id.	Art. 15. § 6.
Attroupements (Délits prévus par la loi sur les) (lois des 10 avril 1832 et 7 juin 1848)........	Emprisonnement de plus d'un mois.	L'exclusion dure 5 ans à dater de l'expiration de la peine.	Art. 16.
Boissons falsifiées, contenant des mixtions nuisibles à la santé (Vente et débit de) (C. P., art. 318)........	Emprisonnement de 3 mois.	Perpétuelle.	Art. 15. § 1.
Clubs (Délit prévu par la loi sur les) (loi du 28 juillet 1848)........	Emprisonnement de plus d'un mois.	L'exclusion dure 5 ans à dater de l'expiration de la peine.	Art. 16.
Colportage d'écrits (Infraction à la loi sur le) (loi du 27 juillet 1849........	Id.	Id.	Id.

NOMENCLATURE PAR ORDRE ALPHABÉTIQUE des crimes, délits ou autres causes d'incapacité.	NATURE ET DURÉE des peines emportant l'exclusion de la LISTE ÉLECTORALE.	DURÉE DE L'EXCLUSION.	ARTICLES DU DÉCRET organique du 2 février 1852 prononçant L'EXCLUSION.
Crimes suivis d'une condamnation à des peines afflictives et infamantes (Travaux forcés, déportation, détention et réclusion), ou à des peines infamantes seulement (bannissement, dégradation civique) (C. P., art. 7 et 8)........................	Quelle que soit la durée de la peine.	Perpétuelle.	Art. 15. § 1.
Crimes suivis d'une condamnation à l'emprisonnement correctionnel en vertu de l'article 163 du Code pénal...............	Id.	Id.	Art. 15. § 3.
Deniers publics soustraits par les dépositaires auxquels ils étaient confiés (C. P., art. 169 à 171)......................	Emprisonnement, quelle qu'en soit la durée.	Id.	Art. 15. § 5.
Destruction de registres, minutes, actes originaux de l'autorité publique, titres, billets, lettres de change, effets de commerce ou de banque, contenant ou opérant obligation, disposition ou décharge (C. P., art. 439)........................	Emprisonnement de 3 mois au moins.	Id.	Art. 15. § 10.
ÉLECTIONS. Bulletin ajouté, soustrait ou altéré par les personnes chargées, dans un scrutin, de recevoir, compter ou dépouiller les bulletins contenant les suffrages des citoyens.............	Emprisonnement de plus de 3 mois.	Id.	Art. 15. § 7. Art. 35.
ÉLECTIONS. Lecture de noms autres que ceux inscrits..............	Id.	Id.	Id.
ÉLECTIONS. Inscription sur le bulletin d'autrui de noms autres que ceux qu'on était chargé d'y inscrire......................	Id.	Id.	Art. 15. § 7. Art. 36.
ÉLECTIONS. Collége électoral (Interruption dans un collége électoral, consommée ou tentée avec violence en vue d'empêcher un choix).	Id.	Id.	Art. 15. § 7. Art. 42.

ÉLECTIONS.	Liste électorale (Inscription obtenue sous de faux noms et de fausses qualités, ou en dissimulant une incapacité prévue par la loi)..	Emprisonnement de plus de 3 mois.	Perpétuelle	Art. 15. § 7. Art. 31.
	Liste électorale (Inscription réclamée et obtenue sur deux ou plusieurs listes)..	Id.	Id.	Id.
	Opérations électorales, retardées ou empêchées au moyen de voies de fait ou menaces par les électeurs. — Bureau outragé dans son ensemble ou dans l'un de ses membres, par des électeurs pendant la réunion. — Scrutin violé..........	Id.	Id.	Art. 15. § 7. Art. 45.
	Opérations électorales troublées par attroupements, clameurs ou démonstrations menaçantes. — Atteinte portée à l'exercice du droit électoral ou à la liberté du vote................	Id.	Id.	Art. 15. § 7. Art. 41.
	Suffrages. Deniers ou valeurs quelconques donnés, promis ou reçus, sous la condition soit de donner ou de procurer un suffrage, soit de s'abstenir de voter. — Offre ou promesse faite ou acceptée, sous les mêmes conditions, d'emplois publics ou privés..	Id.	Id.	Art. 15. § 7. Art. 38.
	Suffrages influencés, soit par voies de fait, violences ou menaces contre un électeur, soit en lui faisant craindre de perdre son emploi ou d'exposer à un dommage sa personne, sa famille ou sa fortune. — Abstention de voter, déterminée par les mêmes moyens....................................	Id.	Id.	Art. 15. § 7. Art. 39.
	Suffrages surpris ou détournés à l'aide de fausses nouvelles, bruits calomnieux ou autres manœuvres frauduleuses. — Abstention de voter déterminée par les mêmes moyens.....	Id.	Id.	Art. 15. § 7. Art. 40.
	Urne contenant les suffrages émis et non encore dépouillés (Enlèvement de l')..	Id.	Id.	Art. 15. § 7. Art. 46.
	Vote en vertu d'une inscription obtenue sous de faux noms ou de fausses qualités, ou en dissimulant une incapacité, ou en prenant faussement les noms et qualités d'un électeur inscrit.	Id.	Id.	Art. 15. § 7. Art. 33.
	Vote multiple à l'aide d'une inscription multiple	Id.	Id.	Art. 15. § 7. Art. 34.

NOMENCLATURE PAR ORDRE ALPHABÉTIQUE des crimes, délits ou autres causes d'incapacité.	NATURE ET DURÉE des peines emportant l'exclusion de la LISTE ÉLECTORALE.	DURÉE DE L'EXCLUSION.	ARTICLES DU DÉCRET organique du 2 février 1852 prononçant L'EXCLUSION.
Empoisonnement de chevaux ou autres bêtes de voiture et de monture ou de charge, de bestiaux à cornes, de moutons, chèvres ou porcs ou de poissons dans les étangs, viviers ou réservoirs (C. P., art. 452)..	Emprisonnement de 3 mois au moins.	Perpétuelle.	Art. 15. § 10.
Escroquerie (C. P., art. 405)...........................	Emprisonnement, quelle qu'en soit la durée.	Id.	Art. 15. § 5.
Faillite déclarée soit par les tribunaux français, soit par jugement rendu à l'étranger, mais exécutoire en France (C. Comm., art. 437 et suivants)......................................	Id.	L'exclusion cesse après la réhabilitation.	Art. 15. § 17.
Falsification de substances ou denrées alimentaires ou médicamenteuses destinées à être vendues. — Vente ou mise en vente de ces denrées, sachant qu'elles sont falsifiées ou corrompues. (Loi du 27 mars 1851, art. 1er)............................	Emprisonnement, quelle qu'en soit la durée.	Perpétuelle.	Art. 15. § 11.
Greffe détruite (C. P., art. 447)........................	Emprisonnement de 3 mois au moins.	Id.	Art. 15. § 10.
Interdiction civile pour cause d'imbécillité, de démence ou de fureur (C. Nap., art. 489 et suivants).....................	Id.	L'exclusion cesse à la levée judiciaire de l'interdiction (C. Nap., art. 512).	Art. 15. § 16.
Interdiction correctionnelle du droit de vote et d'élection (C. P., art. 42, 86, 89, 91 et 123)..................................	Id.	La durée de l'exclusion est fixée par le jugement et court à dater de l'expiration de la peine.	Art. 15. § 2.
Jeux de hasard (Maisons de) (C. P., art. 410).............	Quelle que soit la peine.	Perpétuelle.	Art. 15. § 11.

Loteries non autorisées (Loi du 21 mai 1836)........	Quelle que soit la peine.	Perpétuelle.	Art. 15. § 11.
Marchandises ou matières servant à la fabrication, gâtées volontairement (C. P., art. 443)........	Emprisonnement de 3 mois au moins.	Id.	Art. 15. § 10.
Mendicité (C. P., art. 274 à 279)........	Quelle que soit la peine.	Id.	Art. 15. § 9.
Militaires condamnés au boulet ou aux travaux publics......	Id.	Id.	Art. 15. § 12.
Mœurs (Attentats aux) (C. P., art. 330 et 331)........	Empriison[t], quelle qu'en soit la durée.	Id.	Art. 15. § 2.
Officiers ministériels (avoués, huissiers, greffiers et notaires) destitués en vertu de jugements ou de décisions judiciaires.....	Id.	Id.	Art. 15. § 8.
Outrages publics à la morale publique et religieuse et aux bonnes mœurs (Loi du 17 mai 1819, art. 8)........	Quelle que soit la peine.	Id.	Art. 15. § 6.
Outrage public envers un juré à raison de ses fonctions ou envers un témoin à raison de ses dépositions (Loi du 25 mars 1822, art. 6)........	Emprisonnement de plus d'un mois.	L'exclusion dure 5 ans, à dater de l'expiration de la peine.	Art. 16.
Outrage et violence envers les dépositaires de l'autorité ou de la force publique (C. P., art. 222 à 230)........	Id.	Id.	Art. 16.
Prêt sur gage ou nantissement (Maisons de) établies ou tenues sans autorisation légale. Registre non tenu. (C. P., art. 411)..	Quelle que soit la peine.	Id.	Art. 15. § 11.
Rébellion envers les dépositaires de l'autorité ou de la force publique (C. P., art. 209 à 221)........	Emprisonnement de plus d'un mois.	Id.	Art 16.
Récoltes (Dévastations de) (C. P., art. 444)........	Emprisonnement de 3 mois au moins.	Perpétuelle.	Art. 15. § 10.
Recrutement. — Jeunes gens omis sur les tableaux de recensement, par suite de fraudes ou manœuvres (Loi du 21 mars 1832, art. 38)........	Emprisonnement, quelle qu'en soit la durée.	Id.	Art. 15. § 13.

NOMENCLATURE PAR ORDRE ALPHABÉTIQUE des crimes, délits ou autres causes d'incapacité.	NATURE ET DURÉE des peines emportant l'exclusion de la LISTE ÉLECTORALE.	DURÉE DE L'EXCLUSION.	ARTICLES DU DÉCRET organique du 2 février 1852 prononçant L'EXCLUSION.
Recrutement. — Jeunes gens appelés à faire partie du contingent de leur classe, qui se sont rendus impropres au service militaire, soit temporairement, soit d'une manière permanente, dans le but de se soustraire aux obligations imposées par la loi (Art. 41)	Emprisonnement, quelle qu'en soit la durée.	Perpétuelle.	Art. 15. § 13.
Recrutement. — Substitution ou remplacement effectué, soit en contravention à la loi, soit au moyen de pièces fausses ou de manœuvres frauduleuses. — Complicité (Art. 13)	Id	Id.	Id.
Recrutement — Médecins, chirurgiens ou officiers de santé qui, déjà désignés pour assister au conseil de révision, ou dans la prévoyance de cette désignation, ont reçu des dons ou agréé des promesses pour être favorables aux jeunes gens qu'ils doivent examiner, ou qui ont reçu des dons pour une réforme justement prononcée (Art. 45)	Id.	Id.	Id.
Tromperie. — Sur le titre des matières d'or ou d'argent, sur la qualité d'une pierre fausse vendue pour fine, sur la nature de toutes marchandises (C. P., art. 423)	Emprisonnement de trois mois.	Id	Art. 15. § 4.
Tromperie. — Sur la quantité des choses livrées, par l'usage de faux poids ou de fausses mesures, ou d'instruments inexacts, ou par des manœuvres et des indications frauduleuses, relatives au pesage ou au mesurage; tentative de ces délits (Loi du 27 mars 1851, art. 1er)	Emprisonnement, quelle qu'en soit la durée.	Id.	Art 15. § 14.
Usure (Loi du 3 septembre 1807)	Quelle que soit la peine.	Id	Art. 15. § 15.
Vagabondage (C. P., art. 269 à 271)	Id.	Id.	Art. 15. § 9.
Vol (C. P., 379, 388, 401)	Emprisonnt, quelle qu'en soit la durée.	Id.	Art 15. § 5.

DE L'ÉLIGIBILITÉ.

22. *Ses conditions* (1). — La possibilité de se présenter aux élections au Corps législatif est soumise aux conditions suivantes :

1° Posséder la qualité d'électeur ;

2° Avoir l'âge de 25 ans ;

3° Déposer par écrit le serment préalable ;

4° Jouir de ses droits civils et politiques ;

Et 5° ne se trouver dans aucun des cas d'incapacité locale et momentanée prévus par l'art. 30 du décret organique (Déc. org., art. 26, 27 et 30 ; S.-C. du 17 février 1858).

23. *Qualité d'électeur*. — Tous les électeurs, âgés de 25 ans, sont éligibles sans condition de domicile. On peut donc se porter candidat dans un autre département que celui où l'on a son domicile de droit ou de

(1) Les Ministres ne peuvent être membres du Corps législatif (Const., art. 44).

fait, que celui où l'on est inscrit comme électeur (Déc. org., art. 26).

Le mot Electeur doit être considéré ici comme synonyme de celui de Français.

24. *Age de vingt-cinq ans.* — Le candidat doit-il avoir vingt-cinq ans au moment de l'élection, ou bien suffit-il qu'il ait atteint cet âge le jour de la vérification des pouvoirs? Cette question ayant été soulevée le 5 décembre 1857, à l'occasion de l'élection du comte de Cambacérès dans le département de l'Aisne, le Corps législatif a décidé que la condition d'âge doit être acquise le jour même de l'élection. Le rapporteur, M. de Voize, s'était exprimé en ces termes: « La question se produit pour la première fois devant le Corps législatif depuis la promulgation de la Constitution, mais elle s'est déjà présentée plusieurs fois, dans des circonstances analogues, devant les anciennes assemblées, qui ont prononcé tantôt l'admission des candidats, tantôt l'annulation de leur élection. »

Les précédents sont au nombre de cinq : les cinq députés élus n'avaient pas atteint l'âge voulu par la loi le jour de l'élection, mais ils l'avaient dépassé au moment de la vérification des pouvoirs. C'étaient MM. le comte de Fargues, Hernoux, Casimir Périer, le comte Henri de Castellane, et Ernest Portalis. L'élection des trois premiers a été validée, celle des deux derniers a été annulée. Ces décisions, en apparence contradictoires, étaient entièrement conformes aux lois sous l'empire desquelles elles ont été rendues. Des cinq exemples qui viennent d'être rappelés, les trois premiers appartiennent à la période de la Restauration. Or, aux termes de l'art. 38 de la Charte de 1814, aucun député ne pouvait être admis dans la Chambre s'il n'était âgé de quarante ans. C'était donc seulement au jour de l'admission dans la Chambre que l'âge de quarante ans était exigé. Aussi l'élection des trois députés fut-elle validée, malgré quelques objections. Les deux derniers exemples se rapportent au gouvernement de Juillet. Aux termes de l'art. 32 de la Charte de 1830, aucun député ne pouvait être admis dans la Chambre s'il n'était âgé de trente ans. Mais ce texte recevait son interprétation de l'art. 59 de la loi électorale du 19 avril 1831, qui déclarait que nul ne serait éligible à la Chambre des députés, si, au jour de son élection, il n'était âgé de trente ans. Cet article, inspiré sans doute par le souvenir des discussions auxquelles avait donné lieu l'interprétation de l'art. 38 de la Charte de 1814, faisait disparaître toute incertitude. En présence d'un texte aussi précis les élections de MM. le comte Henri de Castellane et Ernest Portalis devaient être et furent, en effet, annulées. On le voit donc, en réalité, il n'y eut pas contradiction entre ces diverses décisions.

Quelles sont aujourd'hui les dispositions du décret

organique pour l'élection des députés au Corps législatif? L'art. 26 de ce décret est ainsi conçu : « Sont éligibles, sans condition de domicile, tous les électeurs âgés de vingt-cinq ans. » Il faut donc qu'au moment des opérations électorales le candidat ait atteint l'âge de vingt-cinq ans ; car c'est à ce moment, et non pas au jour de la vérification des pouvoirs, que le mandat de député lui est conféré. Quand l'élu paraît à la Chambre, au moment de cette vérification, il est déjà revêtu de son caractère de député. Si les opérations électorales ont été régulières, si l'élu satisfait aux conditions exigées par la loi, il est de droit membre du Corps législatif ; la Chambre ne peut le rejeter. C'est donc du jour de l'élection que date le mandat qui lui est conféré, et, par conséquent, c'est au jour de l'élection qu'il doit, sous peine d'incapacité, réunir toutes les conditions prescrites par le décret organique.

25. *Dépôt du serment préalable.* — Nul ne peut être élu député au Corps législatif, si, huit jours au moins avant l'ouverture du scrutin, il n'a déposé, soit en personne, soit par un fondé de pouvoirs en forme authentique, au secrétariat de la préfecture du département dans lequel se fait l'élection, un écrit signé de lui, contenant le serment formulé dans l'art. 16 du sénatus-consulte du 25 décembre 1852. — L'écrit déposé ne peut, à peine de nullité, contenir que ces

mots : « Je jure obéissance à la Constitution, et fidélité à l'Empereur. » — Il en est donné récépissé (S.-C., 17-19 février 1858, art. 1er).

Les bulletins portant le nom d'un candidat, qui ne s'est pas conformé aux dispositions de l'art. 1er, sont nuls et n'entrent point en compte dans le résultat du dépouillement du scrutin ; mais ils sont annexés au procès-verbal (Art. 4).

Rien n'oblige le candidat, qui fait le dépôt du serment préalable, à déclarer dans quelle circonscription électorale il se présente. Le fait du dépôt le rend éligible dans toute l'étendue du département (Rapp. de M. Josseau sur l'élection de M. le comte de Bellecombe, 10 février 1861).

26. *Tableau des candidats.* — Pendant la durée des opérations électorales, un tableau, certifié par le préfet, et contenant les noms des candidats qui ont rempli, dans le délai voulu, la prescription de l'art. 1er, est déposé sur le bureau (S.-C. du 17-19 février 1858, art. 3).

27. *Jouissance des droits civils et politiques.* — Sont déclarés indignes d'être élus les individus désignés aux art. 15 et 16 du décret org. (Déc. org., 2 février 1852, art. 27).

Voir plus haut les incapacités perpétuelles et temporaires, applicables à l'éligibilité comme à l'électorat.

Tout député qui, pendant la durée de son mandat, est frappé d'une condamnation emportant, aux termes de l'art. 27, la privation du droit d'être élu, est déchu de la qualité de membre du Corps législatif. La déchéance est prononcée par le Corps législatif, sur le vu des pièces justificatives (Déc. org., art. 28).

28. *Incapacités locales.* — Ne peuvent être élus dans tout ou partie de leur ressort, pendant les six mois qui suivent leur destitution, leur démission ou tout autre changement de leur position, les fonctionnaires publics ci-après indiqués :

Les premiers présidents, les procureurs généraux ;

Les présidents des tribunaux civils et les procureurs impériaux ;

Le commandant supérieur des gardes nationales de la Seine ;

Le préfet de police, les préfets et les sous-préfets ; les archevêques, évêques et vicaires généraux ;

Les officiers généraux commandant les divisions et subdivisions militaires ; les préfets maritimes (Déc. org., art. 30).

CIRCONSCRIPTIONS ÉLECTORALES.

---

29. *Base de l'élection.* — L'élection a pour base la population. Il y a un député à raison de trente-cinq mille électeurs (Const., 14 janvier 1852, art. 34 et 35).

On ne tient compte que des électeurs inscrits sur les listes électorales (Jurisprudence du ministère de l'Intérieur).

30. *Excédant d'électeurs.* — Il est attribué un député de plus à chacun des départements dans lequel le nombre excédant des électeurs dépasse dix-sept mille cinq cents (S.-C. du 27 mai 1857).

31. *Algérie et colonies.* — L'Algérie et les colonies ne nomment pas de députés au Corps législatif (Déc. org. du 2 février 1852, art. 1er).

32. *Tableau du nombre des députés à élire.* — Un décret impérial fixe tous les cinq ans le nombre des députés à élire dans chaque département pendant la

période quinquennale qui commence (Déc. org., art. 2).

Au décret relatif à la période 1862-1867, qui a paru le 29 décembre dernier, était annexé le tableau suivant :

TABLEAU

DU NOMBRE DES DÉPUTÉS A ÉLIRE PAR CHAQUE DÉPARTEMENT.

DÉPARTEMENTS.		DÉPARTEMENTS.	
Ain...............	3	*Report*...	33
Aisne	4	Calvados.	4
Allier.............	3	Cantal	2
Alpes (Basses-).....	1	Charente	3
Alpes (Hautes-)	1	Charente-Inférieure.	4
Alpes-Maritimes....	2	Cher..............	2
Ardèche...........	3	Corrèze	2
Ardennes..........	3	Corse.............	2
Ariége	2	Côte-d'Or..........	3
Aube	2	Côtes-du-Nord......	5
Aude	2	Creuse	2
Aveyron...........	3	Dordogne..........	4
Bouches-du-Rhône..	4	Doubs.............	2
A reporter...	33	*A reporter*...	68

DÉPARTEMENTS.		DÉPARTEMENTS.	
Report...	68	*Report*...	138
Drôme...........	3	Maine-et-Loire.....	4
Eure.............	4	Manche...........	4
Eure-et-Loir.......	2	Marne.............	3
Finistère.........	4	Marne (Haute-).....	2
Gard.............	4	Mayenne..........	3
Garonne (Haute-)...	4	Meurthe...........	3
Gers............	3	Meuse............	3
Gironde..........	5	Morbihan..........	3
Hérault..........	3	Moselle...........	3
Ille-et-Vilaine.......	4	Nièvre............	3
Indre............	2	Nord.............	9
Indre-et-Loire......	3	Oise.............	3
Isère............	4	Orne.............	3
Jura.............	2	Pas-de-Calais......	6
Landes...........	2	Puy-de-Dôme.....	5
Loir-et-Cher......	2	Pyrénées (Basses-)..	3
Loire............	4	Pyrénées (Hautes-)..	2
Loire (Haute-)......	2	Pyrénées-Orientales.	1
Loire-Inférieure....	4	Rhin (Bas-)........	4
Loiret...........	3	Rhin (Haut-).......	4
Lot..............	2	Rhône...........	5
Lot-et-Garonne....	3	Saône (Haute-).....	3
Lozère..........	1	Saône-et-Loire....	5
A reporter...	138	*A reporter*...	222

DÉPARTEMENTS.		DÉPARTEMENTS.	
Report. . .	222	*Report*. . .	260
Sarthe	4	Tarn.	3
Savoie	2	Tarn-et-Garonne. . .	2
Savoie (Haute-).	2	Var	2
Seine	9	Vaucluse	2
Seine-Inférieure	6	Vendée.	3
Seine-et-Marne. . . .	3	Vienne.	3
Seine-et-Oise	4	Vienne (Haute-).	2
Sèvres (Deux-).	3	Vosges.	3
Somme.	5	Yonne	3
A reporter. . .	260	TOTAL. . .	283

33. *Circonscriptions.* — C'est également par un décret du pouvoir exécutif, que chaque département est divisé en circonscriptions électorales, en nombre égal à celui des députés qui lui sont attribués.

Les circonscriptions électorales sont tout-à-fait indépendantes des divisions administratives du territoire (Circ. Intérieur, 17 févr. 1852) (1).

34. *Nombre des députés.* — Le Corps législatif se compose, d'après le décret du 29 déc. 1862, de deux-

(1) Voir à la fin du Manuel le tableau indiquant le nombre et la composition des circonscriptions électorales pour la période quinquennale 1862-1867.

cent quatre vingt-trois députés, nombre de beaucoup inférieur à celui des membres de l'Assemblée Nationale dissoute le 2 décembre 1851. « C'est là une garantie « du calme des délibérations, car trop souvent on a « vu dans les assemblées la mobilité et l'ardeur des « passions croître en raison du nombre. » (Préambule de la Constitution.)

DES LISTES ÉLECTORALES.

---

35. *Leur formation.* — Les listes électorales sont dressées, pour chaque commune, par le maire. Elles comprennent, par ordre alphabétique : 1° tous les électeurs habitant dans la commune depuis 6 mois au moins (voir, *page* 7, les conditions de l'électorat); 2° ceux qui n'ayant pas atteint, lors de la formation de la liste, les conditions d'âge et d'habitation, doivent les acquérir avant la clôture définitive. (D. org., 2 fév., art. 13).

36. *Révision annuelle.* — Elles sont l'objet d'une révision annuelle, qui s'opère conformément aux règles suivantes (D. org., art. 18, et D. rég., art 1er).

37. *Tableau de rectification.* — Du 1er au 10 janvier de chaque année, le maire de chaque commune ajoute à la liste les citoyens qu'il reconnaît avoir acquis, depuis le 31 mars de l'année précédente, les qualités exigées par la loi, ceux qui acquerront les

conditions d'âge et d'habitation avant le 1er avril, et ceux qui auraient été omis, lors de la révision de l'année précédente, bien qu'ils possédassent alors la capacité électorale. Il en retranche : 1° les individus décédés ; 2° ceux dont la radiation a été ordonnée par l'autorité compétente ; 3° ceux qui ont perdu les qualités requises par la loi ; 4° ceux qu'il reconnaît avoir été indûment inscrits, quoique leur inscription n'ait pas été attaquée. Il tient un registre de toutes ces décisions, et y mentionne les motifs et les pièces à l'appui.

Il convient de remarquer que du 1er au 10 janvier, le maire ne prépare qu'un tableau de rectification, et non une liste générale des électeurs. Ce tableau contient uniquement les retranchements et les inscriptions nouvelles (D. rég., art. 1er, et Circ. Intérieur, 18 nov. 1853).

38. *Forme du tableau.* — Le tableau de rectification est dressé du 10 au 14 janvier. Il comprend deux parties distinctes sous les titres : Additions. — Retranchements. Il est quelquefois utile d'en ajouter un troisième, sous le titre de Rectifications, pour des erreurs dans le nom, l'âge, etc., des électeurs inscrits. Dans le cas de radiation ou de rectification, on doit rappeler sur le tableau le numéro d'ordre de la liste de l'année précédente. Le motif de la radiation est mentionné succinctement en regard du nom de l'électeur (Circ. Int., 18 nov. 1853).

39. *Publication et communication.* — Le tableau est déposé, au plus tard le 15 janvier, au secrétariat de la commune, ainsi que la liste électorale. Le même jour, des affiches donnent avis de ce double dépôt, et font connaître que, dans les 10 jours, tout citoyen omis pourra réclamer son inscription, et que tout électeur inscrit sur une des listes de la circonscription pourra réclamer l'inscription ou la radiation de tout individu indûment inscrit ou indûment omis.

Le tableau est communiqué à tout requérant, qui peut le recopier et le reproduire par la voie de l'impression.

Le maire dresse un procès-verbal constatant que le dépôt a été effectué, et que, le même jour, avis en a été donné par affiches aux lieux accoutumés. Ce procès-verbal est transmis le 15 janvier même, avec une copie du tableau de rectification, au sous-préfet de l'arrondissement, qui l'adresse dans les deux jours, avec ses observations, au préfet du département (D. rég., art. 2 et 3; C. Int. 18 nov. 1853).

40. *Opérations du maire déférées au Conseil de Préfecture.* — Si le préfet estime que les formalités et les délais prescrits par la loi n'ont pas été observés, il doit, dans les deux jours de la réception du tableau, déférer les opérations du maire au conseil de préfecture du département, qui statuera dans les trois jours, et fixera, s'il y a lieu, le délai dans lequel

les opérations annulées devront être refaites (Loi 15 mars 1849, art. 6, et D. rég., art. 4).

Les arrêtés pris par les conseils de préfecture, dans le cas prévu par l'art. 6 de la loi du 15 mars 1849, sont-ils susceptibles d'être déférés au Conseil d'Etat? Cette question, posée devant le Conseil d'Etat le 21 décembre 1850 (affaire Coudray et Picard), n'a pas été résolue. Le ministre de l'Intérieur a soutenu, dans cette occasion, que le droit conféré au préfet et au conseil de préfecture par l'art. 6 ne pouvait donner lieu à aucun recours. En effet, disait-il, la loi du 15 mars, qui a soigneusement déterminé les juridictions devant lesquelles les citoyens doivent porter leurs réclamations en ce qui concerne les inscriptions ou radiations individuelles, n'a soumis à aucun contrôle la haute surveillance du préfet et du conseil de préfecture, qui a pour objet d'assurer l'observation des formes et des délais légaux. Tout recours devant une autorité supérieure entraînerait des lenteurs incompatibles avec l'ordre établi par le législateur dans la série des délais et avec la nécessité de clore la liste à une époque déterminée. D'ailleurs, la décision du conseil de préfecture, portant sur l'exécution générale de la loi, n'atteint aucun droit particulier, et réserve, au contraire, la faculté de réclamer après qu'une nouvelle liste aura été formée. Il n'y a donc, de la part des électeurs, aucun intérêt à demander l'annulation de cette décision.

L'art. 4 du décret réglementaire n'étant que la reproduction textuelle de la première partie de l'art. 6 de la loi du 15 mars 1849, l'opinion émise le 21 décembre 1850, par le ministère de l'intérieur, serait, à l'occasion, produite de nouveau devant le Conseil d'État, il y a tout lieu de le présumer. Nous sommes également convaincu qu'elle triompherait dans cette assemblée. En thèse générale, il est vrai, les conseils de préfecture ne statuent jamais en dernier ressort, et même dans le silence de telle ou telle loi spéciale, toutes leurs décisions en matières contentieuses peuvent faire l'objet d'un pourvoi au Conseil d'État. Mais nous dirons, avec M. le Commissaire du gouvernement (dans l'affaire Coudray et Picard), que l'attribution exceptionnelle et un peu anormale que l'art. 6 de la loi du 15 mars 1849 a conférée aux conseils de préfecture ne constitue pas une attribution contentieuse. C'est bien plutôt une attribution purement administrative, de haute surveillance et d'ordre public, en dehors de tout intérêt privé, à tel point que le préfet seul peut en provoquer l'exercice.

41. *Réclamations des électeurs.* — Dans les dix jours à partir de la publication des listes, c'est-à-dire du 15 au 25 janvier inclusivement, le jour de la publication des listes ne comptant pas (arr. C. de cass.,

11 mai 1858), tout citoyen omis peut présenter sa réclamation à la mairie ; tout électeur inscrit sur une des listes de la circonscription électorale peut réclamer la radiation ou l'inscription d'un individu omis ou indûment inscrit. Le même droit appartient aux préfets et aux sous-préfets.

La demande doit nécessairement être formée par écrit et contenir, quand il s'agit de radiation, l énoncé des motifs sur lesquels elle est fondée.

Dans les derniers jours qui précèdent la publication du tableau, il est ouvert, dans chaque mairie, un registre (ou autant de registres que la ville a de cantons), sur lequel les réclamations doivent être inscrites par ordre de date.

L'électeur dont l'inscription est contestée en est averti, sans frais, par le maire, et peut présenter ses observations. Cet avertissement doit contenir l'indication sommaire des motifs de la demande en radiation (D. org., art. 19, D. rég., art. 5, et Circ. int., 18 nov. 1853).

42. *Récépissé à délivrer.* — Le maire doit donner récépissé de chaque réclamation (L. 15 mars 1849, art. 7, et D. org., art 19).

Alors même que le délai fixé pour réclamer est expiré, le maire est dans l'obligation de délivrer un reçu des pièces qui lui sont présentées. Mais que décider dans le cas où un maire aurait refusé de donner un récépissé, en s'appuyant sur une déchéance encourue par l'électeur ?

Le tribunal des conflits (aff. Perrée c. Patural, 18 nov. 1850) a reconnu à ce refus tous les caractères d'une décision sur la demande en inscription, et décidé que ce refus devait être apprécié par le juge de paix, seul compétent pour statuer en appel sur les demandes d'inscription électorale.

43. *Électeur inscrit dans deux communes.* — L'électeur inscrit sur la liste d'une commune ne peut être porté sur celle d'une autre commune, qu'autant que son nom a été préalablement rayé de la liste de la première. En l'absence de toute radiation, la seconde inscription ne doit pas être maintenue (Arr. C. de cass., 4 avril 1854).

44. *Tiers réclamant.* — Le droit de demander une radiation ou une inscription appartient à tout électeur inscrit sur l'une des listes de la circoncription électorale. Pour assurer l'accomplissement de cette prescription, il faut que le tiers réclamant joigne à sa demande un certificat du maire de sa commune, constatant sa qualité d'électeur.

45. *Commission municipale.* — Les réclamations sont jugées par une commission composée, à Paris, du Maire et de deux adjoints ; partout ailleurs, du maire et de deux membres du conseil municipal désignés par le Conseil (L. 15 mars 1849, art. 8, et D. org., art. 20).

Le Conseil municipal doit être réuni en temps utile, pour élire les deux conseillers faisant partie de la Commission. Le maire a la présidence, et les décisions sont prises à la majorité des suffrages. La Commission s'occupe des réclamations aussitôt qu'elle les a reçues, et statue dans le délai de cinq jours au plus tard, à dater leur réception (Circ. int. 18 novembre 1853).

Il n'appartient pas à l'autorité judiciaire, mais à l'autorité administrative supérieure, de connaître de la régularité de la composition de la Commission municipale appelée à statuer en premier ressort en matière électorale (Arr. C. de cass., 12 nov. 1850).

Lorsque le Conseil municipal d'une commune a été légalement dissous, et qu'il a été pourvu provisoirement, pour l'expédition des affaires, à la nomination d'un maire et de deux adjoints, ce maire et ses deux adjoints ont qualité et pouvoir pour statuer comme Commission municipale sur la formation de la liste électorale (Arr. C. de cass., 19 août 1850).

46. *Notification de ses décisions.* — Les décisions de la Commission municipale sont notifiées aux parties intéressées dans les trois jours de leur date par un agent assermenté. On choisit d'ordinaire pour cette mission un gendarme ou un garde-champêtre (L. 15 mars 1849, D. org. art. 21, et Circ. int. 18 nov. 1853).

L'exploit de notification est valable, en matière électorale, contrairement aux dispositions de l'art. 61 du code de procédure, bien qu'il ne fasse pas mention du nom de la personne à laquelle copie de cet exploit a été laissée (Arr. C. de cass., 9 avril 1851).

47. *Appel devant le juge de paix.* — Les parties intéressées peuvent interjeter appel dans les cinq jours de la notification (L. 15 mars 1849, et D. org. art. 21).

Il convient de faire remarquer que le jour même de la notification ne compte pas dans le calcul des cinq jours, et que, d'autre part, rien n'oblige les parties intéressées à attendre que la décision de la Commission administrative leur ait été notifiée, pour avoir recours à la voie de l'appel. Elles peuvent devancer la notification (Arr. C. de cass. 4 avril 1854, et 11 mai 1858).

L'appel est non recevable comme tardif, lorsqu'il a été formé après l'expiration des cinq jours, bien que les délais fixés pour présenter les réclamations ne soient pas expirés (Arr. C. de cass., 21 août 1850).

L'appel sera porté devant le juge de paix du canton (D. org., art. 22).

La loi dit : l'appel. Le juge de paix n'est donc compétent que pour statuer sur les réclamations qui ont déjà été jugées par la Commission municipale. L'électeur ne peut pas s'adresser à lui *omisso medio*, et ne pas tenir compte de la juridiction de premier degré établie en cette matière. Le juge de paix est dès lors fondé à déclarer non recevable une réclamation sur laquelle la Commission municipale n'a pas statué (Arr. C. de cass., 18 nov. 1850).

48. *Appel, tiers.* — Le droit conféré, par l'art. 19 du Déc. org. du 2 février, à tout électeur d'une circonscription électorale, de demander des inscriptions et des radiations, dérive du droit absolu de contrôler la composition des listes, et implique, par conséquent celui d'attaquer, non-seulement les listes dressées d'office par l'autorité municipale, mais encore les changements qui peuvent y être apportés par des décisions judiciaires. Pour l'exercice de ce droit, la jurisprudence a admis les électeurs de la circonscription, étrangers aux réclamations soumises à la Commission municipale, à intervenir devant cette Commission comme parties intéressées, et à interjeter, au même titre, appel des décisions de cette Commission, quoiqu'ils n'aient pas figuré dans le débat devant la Commission. Dans ce cas, le délai de l'appel est de dix jours à partir des décisions attaquées (Arr. C. de cass., 11 mai 1858).

49. *Appel, maire et conseillers municipaux.* — Le maire et les membres des commissions municipales sont sans qualité pour interjeter appel des décisions auxquelles ils ont concouru ; ils ne peuvent être admis à conclure devant le juge de paix, à peine de nullité

des jugements qui seraient rendus. Mais ils ont le droit d'interjeter appel, comme tout autre électeur de la circonscription, des décisions auxquelles ils n'ont point pris part comme juges (Arr. C. de cass., 15 mai et 28 août 1850, et 23 avril 1860).

50. *Procédure.* L'appel est formé par simple déclaration au greffe; le juge de paix statue dans les dix jours, sans frais ni forme de procédure, et sur simple avertissement donné, trois jours à l'avance, à toutes les parties intéressées (L. 15 mars 1849, et D. org., art. 22).

Dans les dix jours. — Le jugement rendu après cette époque n'est pas frappé de nullité (C. de cass., 9 avril 1851).

Sur simple avertissement. — L'omission de cette formalité est une cause de nullité de la sentence du juge de paix (Arr. C. de cass., 25 nov. 1850 et 9 avril 1851).

Sans forme de procédure. — Il suffit, en cette matière, que le juge de paix soit mis à même de prononcer en connaissance de cause, par l'indication claire du litige. Aucune forme de procédure n'est exigée pour l'instruction de l'affaire ; mais il n'en est pas de même en ce qui concerne le jugement. Ainsi la Cour de cassation a décidé le 26 juin 1861 (él. mun. de Pont-l'Evêque) que les jugements des juges de paix doivent être motivés à peine de nullité; qu'ils doivent aussi, sous la même peine de nullité, être prononcés en audience publique et avec l'assistance du greffier.

51. *Juge de paix, évocation.* — Le juge de paix saisi de l'appel d'une décision de la Commission municipale, qui a rejeté par voie de fin de non-recevoir la demande formée devant elle, peut statuer sur le fond, quoique les premiers juges ne s'en soient point occupés : la déclaration de non recevabilité qu'ils ont prononcée suffisant pour épuiser leur juridiction (Arr. C. de cass., 6 avril 1858).

52. *Juge de paix, investigations particulières.* — Les faits constatés dans les décisions rendues, en matière électorale, par la Commission municipale, ne peuvent être combattus sur l'appel qu'au moyen de renseignements ou de pièces susceptibles d'être contredites par les parties intéressées.

Ainsi, le juge de paix ne peut se fonder, pour écarter ces constatations de fait, sur ses investigations particulières, s'il ne les appuie d'aucun fait de nature à être discuté par les parties intéressées (Arr. C. de cass., 3 juin 1851).

53. *Juge de paix, questions d'état.* — Si la demande portée devant lui implique la solution préjudicielle d'une question d'état, le juge de paix renvoie préalablement les parties à se pourvoir devant les juges compétents, et fixe un bref délai, dans lequel la partie qui a élevé la question préjudicielle doit justi-

fier de ses diligences (L. 15 mars 1849, et D. org , art. 22).

Il est procédé dans ce cas conformément aux art. 855, 856 et 858 du code de procédure civile, dont la teneur suit : « Art. 855. Celui qui voudra faire ordonner la rectification d'un acte de l'état civil présentera requête au président du tribunal de première instance. — Art. 856. Il y sera statué sur rapport, et sur les conclusions du ministère public. Les juges ordonneront, s'ils l'estiment convenable, que les parties intéressées seront appelées, et que le conseil de famille sera préalablement convoqué. S'il y a lieu d'appeler les parties intéressées, la demande sera formée par exploit, sans préliminaire de conciliation, etc., etc. — Art. 858. Dans le cas où il n'y aurait d'autre partie que le demandeur en rectification, et où il croirait avoir à se plaindre du jugement, il pourra, dans les trois mois depuis la date de ce jugement, se pourvoir à la Cour impériale, en présentant au président une requête, sur laquelle sera indiqué un jour auquel il sera statué à l'audience sur les conclusions du ministère public. »

Lorsque la question préjudicielle a été résolue par les juges compétents, celui qui l'a soulevée revient devant le juge de paix, qui statue alors, au fond, sur la question d'inscription ou de radiation de la liste électorale.

Le juge de paix, appelé à juger une demande soulevant une question d'état, est tenu de surseoir jusqu'à la solution de cette question préjudicielle par les tribunaux compétents, alors même que le défendeur fait défaut : on dirait à tort que le défendeur, en ne comparaissant pas, s'est reconnu implicitement l'état qui sert de base à la demande formée contre lui (Arr. C. de cass., 6 avril 1858).

La question de savoir si une condamnation emportant exclusion de la liste électorale s'applique au citoyen dont la radiation est demandée, à raison de cette condamnation, n'est point une question d'état, mais soulève une simple question d'identité et de fait, qui est de la compétence du juge de paix (Arr. C. de cass., 15 janvier 1851).

L'individu qui, né en France d'un étranger, a déclaré, après avoir satisfait à la loi de recrutement, sa volonté de devenir Français, conformément à l'art. 9 du Code Napoléon et à la loi du 22 mars 184?, est réputé Français, sans qu'il soit besoin d'acte de naturalisation. En conséquence, la demande en radiation du nom de cet individu inscrit sur les listes électorales, demande uniquement fondée sur ce qu'en l'absence d'un acte de naturalisation il doit être réputé étranger, ne soulève pas une question d'état de la compétence des tribunaux civils, et peut être rejetée par le juge de paix (Arr. C. de cass., 28 avril 1851).

54. *Avis des infirmations.* — Le juge de paix donne avis des infirmations par lui prononcées au préfet et au maire dans les trois jours de la décision (D. rég., art. 6).

55. *Pourvoi en cassation.* — La décision du juge de paix est en dernier ressort; mais elle peut être déférée à la Cour de cassation.

Le pourvoi n'est recevable que s'il est formé dans les 10 jours de la notification de la décision (le jour même de la notification ne compte pas dans le calcul du délai. Arr. C. de cass., 11 mai 1858).

Il n'est pas suspensif. Il est formé par simple requête, à laquelle la partie qui se pourvoit doit joindre une copie conforme de la décision attaquée; elle ne peut suppléer par la représentation de la lettre que le juge de paix a écrite au maire, conformément à la loi, pour l'informer de son jugement. Cette lettre d'avis ne saurait tenir lieu de la copie de ce jugement, alors même qu'elle ferait connaitre l'état du litige et les motifs de la décision. La Cour de cassation ne peut statuer en connaissance de cause qu'en présence de la copie régulière ou de l'expédition de la décision (Arr. C. de cass., 18 nov. 1850).

La requête est dénoncée aux défendeurs dans les dix jours qui suivent. (La dénonciation doit, à peine de nullité, contenir la copie de la requête en pourvoi. Un simple avis du pourvoi ne suffit pas, à supposer même que cet avis ait été remis aux défendeurs par un agent assermenté. — Arr. Cour de cass., 23 avril 1860.)

Le pourvoi est dispensé de l'intermédiaire d'un avocat à la cour, et jugé d'urgence sans frais ni consignation d'amende. Les pièces et mémoires fournis par les parties sont transmis, sans frais, par le greffier de la justice de paix ou greffier de la cour de cassation. (Il n'est pas permis de produire devant la cour de cassation des pièces qui n'auraient pas été mises sous les yeux du juge de paix, fussent-elles de nature à prouver le droit du réclamant. — Arr. 6 août 1850.)

La chambre des requêtes statue définitivement sur le pourvoi (L. 15 mars 1849, et D. org., art. 23).

56. *Qualité pour former un pourvoi.* — L'électeur avec lequel a été rendu le jugement du juge de paix, peut seul se pourvoir en cassation : la requête formée par un tiers qui n'a point été partie principale ou intervenante dans la décision qu'il attaque, doit être déclarée non recevable (Arr. C. de cass., 14 août 1850, 6 mai et 30 juillet 1851).

57. *Clôture des listes.* — Vers les derniers jours du mois de mars, le maire doit opérer toutes les rectifications régulièrement ordonnées; il consulte, à cet effet, la liste primitive, le tableau de rectification publié le 15 janvier, les décisions de la commission

municipale, celles du juge de paix, et les arrêts de la Cour de cassation, s'il en est intervenu. De plus, il retranche les noms des électeurs dont le décès, survenu depuis la formation du tableau de rectification, est dûment constaté, ou qu'un jugement ayant acquis force de chose jugée a privés du droit de vote. Au moyen de ces éléments, il dresse en un seul contexte la liste électorale de la commune, et l'arrête définitivement le 31 mars.

La minute de la liste électorale reste déposée au secrétariat de la commune. Le tableau rectificatif, transmis au préfet, reste déposé, avec la copie de la liste électorale, au secrétariat général du département (D. rég., art. 7, et Circ. int. 18 nov. 1853).

L'art. 7 du Déc. rég. prescrit seulement d'envoyer au préfet le tableau des rectifications; mais il est préférable, surtout dans les petites communes, de lui adresser une copie de la liste complète, afin que les recherches qu'on aurait besoin de faire à la préfecture puissent s'effectuer plus aisément (Circ. int. 18 novembre 1853).

58. *Relevé par canton du nombre des électeurs.* — Le préfet adresse, après le 31 mars, au ministre de l'intérieur, un relevé, par canton, du nombre des électeurs inscrits dans le département (Circ. int. 11 décembre 1861).

59. *Communication des listes.* — Communication

des listes électorales doit toujours être donnée aux citoyens qui les demandent (L. 15 mars 1849, et D. rég., art. 7).

Il est hors de doute qu'une demande en communication des listes rentre exclusivement dans la compétence de l'autorité administrative, lorsqu'elle ne se rattache pas à une demande d'inscription sur lesdites listes : une décision du tribunal des conflits, en date du 18 novembre 1850 (aff. Bordet), l'a formellement reconnu. Mais si une demande en communication était faite au sujet d'une question d'inscription sur la liste électorale, et qu'elle fût repoussée, serait-ce encore à l'autorité administrative supérieure qu'il faudrait en référer du refus illégal du maire, ou bien serait-ce devant l'autorité judiciaire que le réclamant devrait porter sa plainte? L'arrêt susvisé, sans se prononcer sur cette question, penche cependant, d'une manière évidente, bien qu'implicite, vers la compétence du tribunal civil. On reconnait facilement, en pesant les termes dans lesquels il est conçu, que la pensée des membres du tribunal des conflits était celle-ci : depuis 1828, l'autorité judiciaire est l'autorité de droit commun en matière de contestations électorales; or, aucune attribution spéciale de compétence n'est faite par la loi à un tribunal déterminé pour connaître du refus d'un maire de donner communication d'une liste électorale : il y aurait donc lieu de soumettre ce refus à la juridiction ordinaire, si, dans l'espèce, cette demande en communication se rattachait à une question d'inscription électorale. Il ne nous est pas possible, quant à nous, d'admettre une pareille solution. Le refus de communication de liste constitue un fait administratif, ce n'est donc qu'à l'autorité administrative supérieure qu'il peut être déféré, en vertu du principe de la séparation des pouvoirs.

60. *Tableau des délais.* — Une circulaire du ministre de l'intérieur, en date du 18 novembre 1853, a résumé dans le tableau ci-contre les époques des diverses opérations de la révision des listes et les délais que chacune d'elles comporte.

La clôture des listes ayant lieu le 31 mars, il reste un intervalle de trente-huit jours entre la dernière des opérations ordinaires de la révision et le jour où le maire opère toutes les rectifications régulièrement ordonnées, arrête la liste, et la transmet au préfet.

Cet intervalle permet : 1° d'exercer devant la Cour de cassation le droit de recours ouvert contre les décisions des juges de paix ; 2° de faire recommencer par le maire les opérations relatives à la formation du tableau annuel de rectification, au cas où le conseil de préfecture les aurait annulées sur la proposition du préfet.

61. *Permanence des listes.* — Les listes électorales

	NOMBRE des jours.	TERME des dispositions.
Préparation du tableau de rectifications	10	10 janvier.
Délai accordé pour dresser le tableau de rectifications	4	14 d°
Publication du tableau de rectifications	1	15 d°
Délai ouvert aux réclamations	10	25 d°
Délai pour les décisions de la commission municipale	5	30 d°
Délai pour la notification des dernières décisions de la commission	3	2 février.
Délai d'appel devant le juge de paix	5	7 d°
Délai pour décisions du juge de paix	10	17 d°
Délai pour les notifications des décisions du juge de paix	3	20 d°
	51	

sont permanentes, et demeurent jusqu'au 31 mars de l'année suivante telles qu'elles ont été arrêtées. (Voir cependant au paragraphe suivant les changements qu'elles peuvent subir exceptionnellement dans le cours de l'année.)

L'élection est faite sur les listes revisées pendant toute l'année qui suit la clôture définitive de ces listes (D. org., art. 18 et 25; D. rég., art. 8).

62. *Modifications dans le cours de l'année.* — Les maires n'ont point qualité pour modifier dans le cours

de l'année les listes définitivement closes. Cette règle générale, à laquelle ils doivent avoir soin de se conformer scrupuleusement, admet cependant deux exceptions. Les maires doivent : 1° opérer les changements qui ont été ordonnés par décision du juge de paix (D. rég., art. 8).

Cet article 8 n'a entendu parler que des changements ordonnés par ce magistrat sur l'appel, porté devant lui, des décisions de la commission municipale. Il est interdit par cela même aux juges de paix d'ordonner aucune modification aux listes électorales sur les demandes qui leur seraient directement adressées par les habitants de la commune à l'effet d'obtenir des inscriptions ou des radiations (Arr. C. de cass., 26 juin 1861);

2° Opérer la radiation des noms des électeurs décédés ou privés des droits civils et politiques par jugement ayant force de chose jugée (D. rég., art. 8).

63. *Tableau rectificatif publié cinq jours avant les élections.* — L'autorité municipale est dans l'obligation de publier, cinq jours au moins avant les élections, un tableau contenant toutes les rectifications opérées depuis la clôture définitive des listes, en conformité des dispositions de l'art. 8 du décret réglementaire (Circ. int. 7 février 1852).

64. *Actes judiciaires : dispense du timbre et de l'enregistrement.* — Tous les actes judiciaires sont,

en matière électorale, dispensés du timbre et enregistrés gratis (D. org., art. 24).

65. *Extraits d'actes de naissance délivrés gratuitement.* — Les extraits des actes de naissance nécessaires pour établir l'âge des électeurs sont délivrés gratuitement, sur papier libre, à tout réclamant. Ils portent, en tête de leur texte, l'énonciation de leur destination spéciale, et ne peuvent servir à aucune autre (D. org., art. 24).

DES COLLÉGES ÉLECTORAUX.

66. *Convocation.* — Les colléges électoraux sont convoqués par un décret du pouvoir exécutif. L'intervalle entre la promulgation du décret et l'ouverture des colléges électoraux est de vingt jours au moins.

En cas de vacance par option, décès, démission ou autrement, le collége électoral qui doit pourvoir à la vacance est réuni dans le délai de six mois (Déc. org., art. 4 et 8).

L'irrégularité résultant de ce qu'un collége électoral n'a pas été convoqué dans le délai fixé par l'art. 8 du D. org. rend nulle l'élection (Déc. du Corps lég. du 25 fév. 1861. El. Dabeaux).

En cas de dissolution du Corps législatif, l'Empereur doit en convoquer un nouveau dans le même délai de six mois (Const. 14 janvier 1852, art. 46).

67. *Jour de la réunion.* — Les colléges électoraux

devront être réunis, autant que possible, un dimanche ou un jour férié (D. rég., art. 9).

68. *Discussions interdites.* — Ils ne peuvent s'occuper que de l'élection pour laquelle ils sont réunis.

Toutes discussions, toutes délibérations leur sont interdites (D. rég., art. 10).

Les présidents des colléges doivent rappeler cette règle aux électeurs ; si la discussion continue, la suspension ou la levée de la séance est prononcée (Circ. int., 17 février 1852).

69. *Police de l'assemblée.* — Le président du collége ou de la section a seul la police de l'assemblée.

Nulle force armée ne peut, sans son autorisation, être placée dans la salle des séances, ni aux abords du lieu où se tient l'assemblée. Les autorités civiles et les commandants sont tenus de déférer à ses réquisitions (D. rég., art. 11).

Nul électeur ne peut entrer dans le collége électoral s'il est porteur d'armes quelconques (D. rég., art. 20).

70. *Composition du bureau.* — Le bureau de chaque collége ou section est composé d'un président, de quatre assesseurs, et d'un secrétaire choisi par eux parmi les électeurs, à la majorité des voix. Dans les délibérations du bureau, le secrétaire n'a que voix consultative (D. rég., art. 12).

71. *Président.* — Les colléges électoraux sont pré-

sidés par les maires ou les adjoints, et, à leur défaut. par les conseillers municipaux de la commune, suivant l'ordre du tableau (ce tableau est dressé, d'après le nombre des suffrages obtenus par chaque conseiller lors des élections municipales, et en suivant l'ordre des scrutins. — L. 5 mai 1855, art. 4, et Circ. int. 30 mai 1857). Si le collége est partagé en sections, le maire préside la première, et les autres sont présidées par les adjoints et les membres du conseil municipal, selon le même ordre (D. rég., art. 13, et Circ. int., 17 février 1852).

A Paris, les sections sont présidées, dans chaque arrondissement, par le maire, les adjoints ou les électeurs désignés par eux (D. rég., art. 13).

72. *Assesseurs.* — Les assesseurs sont pris, suivant l'ordre du tableau, parmi les conseillers municipaux sachant lire et écrire. Quelques jours avant les élections, le conseil municipal se réunit pour reconnaître quels sont ceux de ses membres qui rempliront les fonctions d'assesseurs. S'il n'y a qu'une seule assemblée électorale, ces assesseurs seront les quatre premiers conseillers municipaux. Si, dans la commune, il doit se tenir plusieurs assemblées de section, les conseillers municipaux se concerteront entre eux pour fournir quatre assesseurs à chacune d'elles, en suivant l'ordre du tableau; de telle sorte, cependant, que les conseillers soient attachés à la section

dans laquelle ils sont inscrits comme électeurs (D. rég., art. 14 ; Circ. int. 17 février 1852 et 30 mai 1857).

A défaut de conseillers municipaux, le président appelle, pour siéger au bureau, les plus âgés et les plus jeunes des électeurs présents à l'ouverture de la séance, et sachant lire et écrire, savoir : le plus âgé, s'il manque un assesseur, le plus âgé et le plus jeune, s'il en manque deux ; les deux âgés et le plus jeune, s'il en manque trois ; les deux plus âgés et les deux plus jeunes, s'il n'y a aucun membre du conseil municipal qui puisse remplir les fonctions d'assesseur (D. rég., art. 14, et Circ. int. 17 fév. 1852).

A Paris, les fonctions d'assesseurs sont remplies dans chaque section par les deux plus âgés et les deux plus jeunes électeurs sachant lire et écrire (D. rég., art. 14).

73. *Présence continue de trois membres du bureau au moins.* — Trois membres du bureau, au moins, doivent être présents pendant tout le cours des opérations du collége.

Le secrétaire est compté parmi les trois membres dontla présence est nécessaire.

En cas d'absence, le président est remplacé par le plus âgé, et le secrétaire par le plus jeune des assesseurs (D. rég. art. 15 ; Circ. int. 17 fév. 1852).

74. *Décisions provisoires du bureau.* — Le bureau

prononce provisoirement sur les difficultés qui s'élèvent touchant les opérations du collége ou de la section. Les décisions sont motivées; elles sont prises à la majorité des voix, et, en cas de partage, il en est fait mention au procès-verbal.

Toutes les réclamations et décisions sont inscrites au procès-verbal. Les pièces ou bulletins qui s'y rapportent y sont annexés, après avoir été parafés par le bureau (D. rég., art. 16, et Circ. int. 17 février 1852).

75. *Pièces à déposer sur la table du bureau.* — Pendant toute la durée des opérations électorales, seront déposés sur la table du bureau :

1° Un recueil des dispositions de la Constitution, des décrets organique et réglementaire sur les élections des députés au Corps législatif, du sénatus-consulte du 27 mai 1857, portant modification de l'art. 35 de la Constitution, du décret impérial fixant le nombre des députés à élire dans chaque département ;

2° Le tableau des circonscriptions électorales du département ;

3° La circulaire du ministre de l'Intérieur, en date du 30 mai 1857, relative aux opérations des assemblées électorales ;

4° Un tableau, certifié par le préfet, et contenant les noms des candidats qui ont rempli, dans le délai voulu, la prescription de l'art. 1er du sénatus-consulte du 17-19 février 1858, qui exige le serment préalable et par écrit des candidats à la députation ;

5° La feuille d'inscription des votants ;

6° Une copie officielle de la liste des électeurs, contenant les nom, domicile et qualification de chacun des inscrits ;

7° Et le tableau de rectification publié, cinq jours avant l'élection, par l'autorité municipale (D. rég., art. 17 ; Circ. int. 30 mai 1857, et Sénat. 17 février 1858, art. 3).

76. *Installation du bureau.* — Le président prend place au bureau, ainsi que les assesseurs, et il est de suite procédé à la nomination, à la majorité des voix, d'un des électeurs pour remplir les fonctions de secrétaire.

77. *Ouverture du procès-verbal.* — Le secrétaire ouvre le procès-verbal.

Il est donné lecture des articles de la Constitution, du sénatus-consulte du 27 mai 1857, et du décret organique du 2 février 1852, relatifs à l'éligibilité des députés, ainsi que des dispositions pénales pour délits en matière d'élection (Titres III et IV).

Le président, après avoir ouvert la boîte du scrutin et constaté, avec les membres du bureau, qu'elle ne renferme aucun bulletin, la ferme avec deux serrures, dont les clefs restent, l'une entre ses mains, l'autre dans celles du plus âgé des assesseurs (D. rég., art. 22, et Circ. int. 30 mai 1857).

78. *Appel des électeurs.* — Il ordonne aussitôt l'appel des électeurs selon l'ordre de la liste.

Chaque électeur apporte le bulletin sur lequel est écrit ou imprimé le nom du candidat qu'il entend élire au Corps législatif.

Ce bulletin a dû être préparé en dehors de l'assemblée.

Il doit aussi apporter la carte qui lui aura été délivrée par le maire.

Le papier du bulletin doit être blanc, et sans signes extérieurs (D. rég., art. 21, et Circ. int. 30 mai 1857).

79. *Nécessité, pour voter, d'être inscrit sur la liste : Exceptions.* — Nul ne peut être admis à voter s'il n'est inscrit sur la liste. Toutefois, seront admis au vote, quoique non inscrits, les citoyens porteurs d'une décision du juge de paix ordonnant leur inscription, ou d'un arrêt de la Cour de cassation annulant un jugement qui aurait prononcé une radiation (D. rég., art. 19).

80. *Suspension du droit de vote.* — Tout électeur inscrit sur la liste a le droit de prendre part au vote. Néanmoins, ce droit est suspendu pour les détenus, pour les accusés contumaces, et pour les personnes non interdites, mais retenues, en vertu de la loi du

30 juin 1838, dans un établissement public d'aliénés (D. rég., art. 18).

81. *Remise et dépôt des bulletins.* — Chacun des électeurs se rend au bureau à l'appel de son nom, et montre sa carte au président. Un des assesseurs la prend, et en déchire un coin ; l'électeur remet son bulletin fermé au président, qui, après s'être assuré qu'il n'en renferme pas d'autre, le dépose dans la boite du scrutin ; alors l'assesseur, qui a déchiré la carte, la rend à l'électeur. La carte est rendue à l'électeur pour qu'il puisse s'en servir à l'élection supplémentaire qui aurait lieu quelque temps après, si aucun des candidats n'avait obtenu la majorité nécessaire.

L'électeur, qui aurait perdu sa carte, pourrait être admis à voter, après que son identité aurait été constatée par le bureau. (D. rég., art. 22; Circ. int. 30 mai 1857).

82. *Constatation des votes.* — A mesure que chaque électeur dépose son bulletin, un des assesseurs ou le secrétaire constate ce vote en écrivant son nom ou son parafe sur la feuille d'inscription, en regard du nom du votant (D. rég., art. 23 ; Circ. int. 30 mai 1857).

83. *Réappel.* — L'appel étant terminé, il est procédé au réappel de tous ceux qui n'ont pas voté (D. rég., art. 24).

84. *Durée du scrutin.* — Le scrutin reste ouvert pendant deux jours; le premier jour, depuis huit

heures du matin jusqu'à six heures du soir; et le second jour, depuis huit heures du matin jusqu'à quatre heures du soir (D. rég., art. 25).

L'art. 115 de la loi du 15 mars 1849 punissait d'une amende de 25 à 300 francs tout président de collége ou de section, qui aurait fermé le scrutin avant l'heure fixée par la loi ; mais cette disposition pénale, n'ayant pas été reproduite par le décret organique du 2 février 1852, n'est plus applicable aujourd'hui.

85. *Suspension du scrutin à la fin de la première journée.* — A six heures du soir, le scrutin du premier jour est clos. Comme l'opération doit continuer le lendemain, la boîte est fermée et scellée, puis déposée sous clef au secrétariat ou dans la salle de la mairie. Les scellés sont apposés sur les ouvertures de la salle où la boîte est déposée.

Le maire prend les mesures nécessaires pour empêcher la violation des scellés (D. rég., art. 26; Circ. int. 30 mai 1857).

86. *Continuation du scrutin le second jour.* — Après l'appel terminé, il est procédé au réappel, et les électeurs qui n'ont pas encore voté sont admis jusqu'à la clôture. A quatre heures, le scrutin est clos. (Circ. int. 30 mai 1857).

87. *Dépouillement du scrutin.* — Le dépouillement commence immédiatement, à moins que le bureau ne soit d'avis d'ajourner au lendemain cette opé-

ration. Dans ce dernier cas, la boite est scellée et déposée à la mairie, comme à la fin du premier jour. La boite du scrutin est ouverte, les bulletins en sont retirés, et le nombre en est vérifié. Les six membres du bureau se partagent ce soin.

Le nombre des bulletins trouvés dans la boite est consigné au procès-verbal; il y est également fait mention du nombre des votants, constaté par la feuille d'appel, afin d'établir si le nombre des bulletins est égal, inférieur ou supérieur.

S'il existe quelques différences entre les deux nombres, le bureau ne devra pas pour cela recommencer le calcul des bulletins. Il arrive fréquemment que ces différences proviennent de ce que les assesseurs ont omis d'émarger les noms de quelques votants.

Toutefois on devra apporter beaucoup de soin tant à l'émargement qu'à la supputation du nombre des bulletins, pour réduire aux moindres limites les différences qui peuvent se présenter.

Après la constatation du nombre des votes, le président fait procéder au dépouillement des bulletins et au relevé des suffrages.

Si le nombre des votants qui se sont présentés dans le collége ou la section est inférieur à trois cents, le bureau procède lui-même au dépouillement des bulletins. S'il y a plus de trois cents votants, le dépouillement est fait par des scrutateurs supplémentaires. A cet effet, le bureau désigne, parmi les électeurs présents, un certain nombre de citoyens, sachant lire et écrire, lesquels se divisent par tables de quatre scrutateurs au moins. Le président répartit entre les diverses tables les bulletins à dépouiller, il peut faire disposer des liasses ou paquets de cent bulletins, attachés ensemble ou enfermés dans une enveloppe, qui seront rangés en ordre devant lui, et qui seront remis aux scrutateurs de chaque table.

Les tables destinées à recevoir les scrutateurs supplémentaires, et qui peuvent n'être apportées dans la salle qu'au moment de l'opération, doivent être garnies de feuilles préparées pour servir au dépouillement. Elles sont placées de telle sorte qu'on puisse circuler alentour. Il est loisible aux électeurs d'entrer dans la salle d'assemblée, pourvu qu'il n'y ait pas d'encombrement et que le silence soit observé. Le président prend, à cet effet, les mesures et donne les ordres nécessaires (D. rég., art. 27, 28 et 29; Cir. int. 30 mai 1857).

88. *Manière de procéder des scrutateurs.* — Un des scrutateurs ouvre chaque bulletin, en lit le contenu à haute voix, et le passe à l'un de ses collègues.

Les deux autres scrutateurs inscrivent simultanément, sur les feuilles de dépouillement ci-dessus mentionnées, les suffrages obtenus par les divers candidats. Ils doivent s'avertir mutuellement lorsqu'ils ont noté dix voix données à un même candidat.

Quand le dépouillement d'un groupe de bulletins est terminé, un des scrutateurs supplémentaires consigne sur la feuille de dépouillement le nombre des suffrages obtenus par chaque candidat. Cette feuille est signée par les scrutateurs supplémentaires.

Ces relevés sont remis au bureau avec les bulletins qui ont donné lieu à contestation. Lorsque les scrutateurs supplémentaires ne sont pas d'accord sur l'attribution d'un suffrage à tel candidat, ils doivent s'abstenir d'en tenir compte, et l'un d'eux écrit en regard du nom douteux : *à vérifier*, et parafe ainsi que ses collègues. L'attribution de ce suffrage n'est faite que par le bureau, qui statue, les scrutateurs supplémentaires ayant seulement voix consultative.

Lorsqu'à raison du nombre des votants, des scrutateurs supplémentaires sont chargés du dépouillement, les membres du bureau surveillent l'opération (D. rég., art. 27 et 28 ; Cir. int. 30 mai 1857).

89. *Couleur des bulletins.* — Les votes qui ne sont pas sur papier blanc ne doivent pas être reçus. Tout bulletin de couleur que présenterait un électeur lui sera donc remis par le président ; l'électeur est libre de sortir pour en écrire ou faire écrire un autre sur papier blanc. Si, dans le dépouillement, il se trouvait un billet de couleur, les scrutateurs le remettraient au bureau, sans en prendre connaissance, et ce bulletin serait détruit.

Les observations qui précèdent s'appliquent également aux bulletins portant des signes extérieurs. Cependant, s'il y avait doute sur l'existence de ces signes extérieurs, le bureau pourrait les conserver et en tenir compte, sauf à en faire mention au procès-verbal, s'il le jugeait convenable. Si un bulletin contient plus d'un nom, le premier nom doit seul être compté (Circ. int. 30 mai 1857).

90. *Bulletins qui n'entrent pas en compte.* — Les bulletins blancs, ceux ne contenant pas une désignation suffisante ou dans lesquels les votants se sont fait connaître, n'entrent point en compte dans le résultat du dépouillement, mais ils sont annexés au procès-verbal (D. rég., art. 30).

La désignation est insuffisante quand les scrutateurs ne peuvent déterminer quelle est la personne à laquelle le nom écrit sur le bulletin doit être attribué. Il convient d'assimiler aux votes contenant une désignation insuffisante ceux qui portent un nom évidemment dérisoire. Dans ces deux cas, les scrutateurs doivent conserver le bulletin pour le remettre au bureau, qui statuera. Les scrutateurs ne devront pas donner lecture des observations ou des injures qui accompagneraient les noms des candidats, ni les mentionner sur les feuilles de dépouillement.

Si les scrutateurs supplémentaires, en ouvrant un bulletin, trouvaient qu'il en renferme un autre portant également des noms, ils devraient ne tenir compte d'aucun des deux, et les remettre au bureau, qui statuerait.

Cependant, si les deux bulletins étaient absolument identiques, il y aurait lieu de tenir compte de l'un d'eux et de détruire l'autre immédiatement.

Les scrutateurs apportent au bureau tous les bulletins qui leur ont été remis, tant ceux qui n'ont donné lieu à aucune difficulté que ceux dont l'appréciation présente des motifs d'incertitude, et qui ont été réservés pour être vérifiés par le bureau (Circ. int. 30 mai 1857).

91. *Incinération des bulletins non réservés.* — Le bureau, avant de statuer, fait brûler tous les bulletins non réservés; puis il procède à l'addition des suffrages obtenus par les divers candidats sur les feuilles de dépouillement des divers groupes (D. rég., art. 31, et Circ. 30 mai).

92. *Bulletins réservés comme douteux.* — Ensuite il s'occupe des bulletins mis en réserve. Il ajoute au relevé total des suffrages obtenus par les candidats ceux qui résultent de ses décisions (Circ. 30 mai).

93. *Proclamation du résultat.* — Immédiatement après le dépouillement, le résultat du scrutin est rendu public (D. rég., art. 31).

94. *Procès-verbaux.* — Les procès-verbaux des opérations de chaque commune sont rédigés en double.

L'un de ces doubles reste déposé au secrétariat de la mairie, l'autre double est transmis au sous-préfet de l'arrondissement, qui le fait parvenir au préfet du département (D. rég., art. 33).

Indication des formalités essentielles qui doivent être mentionnées dans les procès-verbaux : — 1° Le procès-verbal doit mentionner les noms des président et assesseurs et le titre à raison duquel ils remplissent ces fonctions, particulièrement s'ils sont appelés à défaut des personnes désignées par les art. 13 et 14 du décret réglementaire ; il relatera la nomination du secrétaire ;

2° L'heure d'ouverture et l'heure de levée de la séance de chacun des jours de la session électorale y seront exactement indiquées ;

°3 Il en sera de même des pièces qui devront être déposées sur le bureau (Voyez ci-dessus, *page* 71) ;

4° Mention y sera faite que les électeurs ont été introduits et appelés à voter successivement par ordre alphabétique ;

5° Que le réappel a eu lieu ;

6° Que les bulletins ont été remis entièrement fermés au président, et qu'il s'est assuré que chaque pli ne contenait qu'un seul bulletin ;

7° Qu'un des membres du bureau a constaté le vote de chaque électeur en inscrivant son nom ou son parafe en regard du nom du votant ;

8° Qu'à la fin de chaque séance, la boite du scrutin a été fermée et scellée, et qu'elle a été déposée dans un local fermé ;

9° Le bureau devra inscrire au procès-verbal le nombre des bulletins retirés de la boite, et en regard le nombre des électeurs inscrits sur les listes du collége ou de la section ;

10° Il convient que les noms des scrutateurs supplémentaires, désignés par le bureau pour le dépouillement des votes, y soient insérés ;

11° Le procès-verbal mentionnera la remise au bureau, par les divers groupes de scrutateurs supplémentaires, des feuilles de dépouillement et des bulletins contestés ;

12° Il constatera également l'incinération des bulletins qui n'auront pas donné lieu à difficulté ;

13° Le bureau relatera le nombre des bulletins qu'il aura cru devoir annexer au procès-verbal, en indiquant au dos de ces bulletins, ou sur un papier y annexé, les attributions qu'il aura données aux inscriptions douteuses ;

14° Il devra aussi constater que des électeurs ont été admis dans la salle pour assister au dépouillement du scrutin ;

15° Que trois membres au moins ont toujours été présents au bureau ;

16° Enfin, il relatera, selon l'ordre décroissant, le

nombre des suffrages obtenus par chaque candidat, tant par suite du dépouillement opéré par les scrutateurs supplémentaires qu'en vertu des décisions du bureau sur les bulletins douteux.

Si le collége est partagé en sections, le bureau de la première section dressera un procès-verbal du recensement des votes du collége, qui sera signé par les membres présents des divers bureaux.

95. *Recensement des votes des sections.* — Lorsqu'un collége électoral est partagé en sections, le dépouillement du scrutin se fait dans chaque section. Le résultat est immédiatement arrêté et signé par le bureau. Les présidents et les membres des divers bureaux portent ensuite à la première section le procès-verbal de leurs sections respectives, avec les réclamations et annexes, y compris les feuilles d'inscription des votants.

Le bureau de la première section fait, en présence des présidents des autres sections, le recensement des votes émis dans la commune. Le bureau central n'a pas à revenir sur les attributions de bulletins faites par les sections.

Il fait le recensement d'après les procès-verbaux, proclame le résultat des votes du collége, et en dresse un procès-verbal en double expédition.

L'un de ces doubles est adressé, avec les annexes, au sous-préfet de l'arrondissement ; l'autre reste déposé au secrétariat de la mairie (D. rég., art. 32 ; Circ. 30 mai 1857).

96. *Recensement général des votes.* — Le recensement général des votes, pour chaque circonscription électorale, se fait au chef-lieu du département, en séance publique. Il est opéré par une commission composée de trois membres du Conseil général. A Paris, le recensement est fait par une commission de cinq membres du Conseil municipal, désignés par le préfet de la Seine.

La commission nomme elle-même son président.

Le préfet lui remet les procès-verbaux des communes, classés par circonscriptions.

Elle examine les bulletins annexés aux procès-verbaux, conformément à l'art. 30 du décret réglementaire ; elle consigne dans son procès-verbal les observations dont l'attribution de ces bulletins lui paraît susceptible.

Elle donne également son avis sur les réclamations qui auraient été déposées pendant le cours des opérations.

Le procès-verbal, dressé par la commission de recensement, est rédigé en double ; l'un des doubles reste déposé aux archives de la préfecture ; l'autre est transmis au ministère de l'intérieur avec un des doubles des procès-verbaux des communes (D. rég., art. 24 ; Circ. 17 février 1852).

97. *Proclamation du nom du député élu.* — Le recensement général des votes étant terminé, le président de la commission en fait connaître le résultat.

Il proclame député au Corps législatif celui des candidats, qui a satisfait aux deux conditions exigées par l'art. 6 du décret organique, que nous allons reproduire.

98. *Conditions exigées pour qu'il n'y ait qu'un tour de scrutin.* — Nul n'est élu ou proclamé député au Corps législatif, au premier tour de scrutin, s'il n'a réuni : 1° la majorité absolue des suffrages exprimés ; 2° un nombre égal au quart de celui des électeurs inscrits sur la totalité des listes de la circonscription électorale.

Au second tour de scrutin, l'élection a lieu à la majorité relative, quel que soit le nombre des votants.

Dans le cas où les candidats obtiendraient un nombre égal de suffrages, le plus âgé sera proclamé député (D. org., art. 6).

Le préfet fournit aux membres de la commission de recensement un relevé, par commune, ou au moins par canton, du nombre des électeurs inscrits dans chaque circonscription, à l'effet d'établir le minimum de voix nécessaire pour la validité de l'élection.

Ce relevé est joint au procès-verbal de la commission, qui doit être transmis au ministère de l'Intérieur (Circ. int. 17 février).

99. *Second tour de scrutin.* — Si aucun des can-

didats n'a obtenu la majorité absolue des suffrages, et le vote en sa faveur du quart au moins des électeurs inscrits, l'élection est continuée au deuxième dimanche qui suit le jour de la proclamation du résultat du scrutin.

Ce second scrutin doit, comme le premier, rester ouvert pendant deux jours. La réduction de la durée du scrutin à un seul jour, ordonnée par le préfet dans l'arrêté relatif à une élection législative, vicie cette élection d'une manière radicale, encore qu'aucune protestation régulière ne se soit produite de la part des électeurs (Déc. du Corps lég. du 18 fév. 1861. El. Pissard et Bartholony). Mais l'irrégularité ne produit pas le même effet lorsqu'elle n'a été commise que dans une section électorale, et qu'elle n'a pu changer le résultat de l'élection.

100. *Listes contenant les noms et prénoms des députés élus.* — Les noms et prénoms des députés élus dans chaque circonscription sont inscrits, avec l'indication des suffrages obtenus, sur des listes dont le cadre est donné par le ministère. Une de ces listes est jointe au procès-verbal de recensement, pour être envoyée au Corps législatif ; une autre est destinée aux bureaux du ministère ; et la troisième reste jointe au double du procès-verbal de recensement déposé aux archives de la préfecture (Circ. 17 février).

101. *Envoi au ministère des procès-verbaux, et*

pièces y annexées. — Aussitôt après la proclamation du résultat des opérations électorales, les procès-verbaux et les pièces y annexées sont transmis, par les soins du préfet et l'intermédiaire du ministre de l'Intérieur, au Corps législatif (D. rég., art. 37).

DISPOSITIONS PÉNALES.

Le décret organique du 2 février 1852 a prévu les divers crimes et délits qui peuvent être commis en matière électorale. Nous reproduisons les dispositions contenues dans le titre IV de ce décret, et prenons soin, pour faciliter les recherches, de suivre l'ordre alphabétique dans l'énumération des peines.

102. *Bulletins. — Soustraction, addition ou altération par les membres d'un bureau ou les scrutateurs. — Lecture d'un nom autre que celui inscrit.* — Quiconque étant chargé, dans un scrutin, de recevoir, compter ou dépouiller les bulletins contenant les suffrages des citoyens, aura soustrait, ajouté ou altéré des bulletins, ou lu un nom autre que celui inscrit, sera puni d'un emprisonnement d'un an à 5 ans, et d'une amende de 500 f. à 5,000 f. (D. org., 2 fév. 1852, art. 35).

103. *Bulletins. — Individu chargé par un électeur*

d'écrire son suffrage, et inscrivant un nom autre que celui désigné. — La même peine sera appliquée à tout individu qui, chargé par un électeur d'écrire son suffrage, aura inscrit sur le bulletin un nom autre que celui qui lui était désigné (Art. 36).

104. *Collége électoral : armes apparentes ou cachées.* — L'entrée dans l'assemblée électorale avec armes apparentes est interdite. En cas d'infraction, le contrevenant sera passible d'une amende de 16 à 100 f.

La peine sera d'un emprisonnement de 15 jours à 3 mois, et d'une amende de 50 à 300 f., si les armes étaient cachées (Art. 37).

105. *Collége électoral : opérations troublées par attroupements, clameurs ou démonstrations menaçantes.* — Lorsque par attroupements, clameurs ou démonstrations menaçantes, on aura troublé les opérations d'un collége électoral, porté atteinte à l'exercice du droit électoral ou à la liberté du vote, les coupables seront punis d'un emprisonnement de 3 mois à 2 ans, et d'une amende de 100 f. à 2,000 f. (Art. 41).

106. *Collége électoral : irruption consommée ou tentée avec violence.*—Toute irruption dans un collége électoral consommée ou tentée avec violence, en vue d'empêcher un choix, sera punie d'un emprisonnement d'un an à cinq ans, et d'une amende de 1,000 f. à 5,000 f. (art. 42).

Si les coupables étaient porteurs d'armes, ou si le scrutin a été violé, la peine sera la réclusion (Art. 43).

Elle sera des travaux forcés à temps si le crime a été commis par suite d'un plan concerté pour être exécuté soit dans tout l'Empire, soit dans un ou plusieurs départements, soit dans un ou plusieurs arrondissements (Art. 44).

107. *Collége électoral : outrages ou violences d'un électeur envers le bureau : opérations retardées ou empêchées par voies de fait ou menaces.* — Les membres d'un collége électoral qui, pendant la réunion, se seront rendus coupables d'outrages ou de violences, soit envers le bureau, soit envers l'un de ses membres, ou qui, par voies de fait ou menaces, auront retardé ou empêché les opérations électorales, seront punis d'un emprisonnement d'un mois à un an, et d'une amende de 100 f. à 2,000 f.

Si le scrutin a été violé, l'emprisonnement sera d'un an à cinq ans, et l'amende de 1,000 f. à 5,000 f. (Art. 45).

108. *Dons, promesse ou acceptation de deniers, effets, valeurs quelconques, emplois publics ou privés.* — Quiconque aura donné, promis ou reçu des deniers, effets ou valeurs quelconques, sous la condition soit de donner ou procurer un suffrage, soit de s'abstenir de voter, sera puni d'un emprisonnement de 3 mois à 2 ans, et d'une amende de 500 à 5,000 f

Seront punis des mêmes peines ceux qui, sous les mêmes conditions, auront fait ou accepté l'offre ou la promesse d'emplois publics ou privés.

Si le coupable est fonctionnaire public, la peine sera du double (Art. 38).

109. *Inscription sur une liste électorale sous de faux noms ou de fausses qualités.* — Toute personne qui se sera fait inscrire sur la liste électorale sous de faux noms ou de fausses qualités, ou aura, en se faisant inscrire, dissimulé une incapacité prévue par la loi, ou aura réclamé et obtenu une inscription sur deux ou plusieurs listes, sera punie d'un emprisonnement d'un mois à un an, et d'une amende de 100 à 1000 f. (Art. 31).

110. *Inscription obtenue au moyen de la dissimulation d'une incapacité.* — Voyez l'article précédent.

111. *Inscription sur deux ou plusieurs listes.* — Voyez le paragraphe n° 109.

112. *Scrutin violé.* — Si le scrutin a été violé à la suite d'une irruption dans un collége électoral, consommée avec violence, les coupables sont condamnés à la réclusion (Art. 43).

La violation du scrutin par les membres d'un collége électoral est punie d'un emprisonnement d'un an à cinq ans, et d'une amende de 1,000 à 5,000 f. (Art. 45).

La violation du scrutin faite soit par les membres du bureau, soit par les agents de l'autorité préposés à la garde des bulletins non encore dépouillés, est punie de la réclusion (Art. 47).

113. *Urne contenant les suffrages émis et non encore dépouillés (Enlèvement de l').* — L'enlèvement de l'urne contenant les suffrages émis et non encore dépouillés sera puni d'un emprisonnement d'un an à cinq ans, et d'une amende de 1,000 à 5,000 f.

Si cet enlèvement a été effectué en réunion et avec violence, la peine sera la réclusion (Art. 46).

114. *Vote, malgré déchéance du droit de voter.* — Celui qui, déchu du droit de voter, soit par suite d'une condamnation judiciaire, soit par suite d'une faillite non suivie de réhabilitation, aura voté, soit en vertu d'une inscription sur les listes antérieures à sa déchéance, soit en vertu d'une inscription postérieure, mais opérée sans sa participation, sera puni d'un emprisonnement de quinze jours à trois mois, et d'une amende de 20 à 500 f. (Art. 32).

115. *Vote en vertu d'une inscription obtenue sous de faux noms ou de fausses qualités.* — Quiconque aura voté dans une assemblée électorale, soit en vertu d'une inscription obtenue sous de faux noms ou de fausses qualités, ou par la dissimulation d'une incapacité, soit en prenant faussement les noms et qualités d'un électeur inscrit, sera puni d'un emprisonnement

de six mois à deux ans, et d'une amende de 200 f. à 2,000 f. (Art. 33).

116. *Vote en vertu d'une inscription obtenue par la dissimulation d'une incapacité.* — Voyez l'article précédent.

117. *Vote en prenant faussement les noms et qualités d'un électeur inscrit.* — Voyez le paragraphe n° 115.

118. *Vote en profitant d'une inscription multiple.* — Sera puni d'un emprisonnement de six mois à deux ans, et d'une amende de 200 f. à 2,000 f., tout citoyen qui aura profité d'une inscription multiple pour voter plus d'une fois (Art. 34).

119. *Vote influencé, ou abstention obtenue au moyen de voies de fait, violences ou menaces.* — Ceux qui, soit par voies de fait, violences ou menaces contre un électeur, soit en lui faisant craindre de perdre son emploi ou d'exposer à un dommage sa personne, sa famille ou sa fortune, l'auront déterminé à s'abstenir de voter, ou auront influencé un vote, seront punis d'un emprisonnement d'un mois à un an, et d'une amende de 100 à 1,000 fr.; la peine sera du double si le coupable est fonctionnaire public (Art. 39).

120. *Vote surpris ou détourné à l'aide de fausses nouvelles, bruits calomnieux, ou autres manœuvres frauduleuses.* — Ceux qui, à l'aide de fausses nouvelles, bruits calomnieux ou autres manœuvres frau-

duleuses, auront surpris ou détourné des suffrages, déterminé un ou plusieurs électeurs à s'abstenir de voter, seront punis d'un emprisonnement d'un mois à un an, et d'une amende de 100 f. à 2,000 f. (Art 40).

121. *Crimes jugés par la cour d'assises, et délits par les tribunaux correctionnels.* — Les crimes prévus par le décret organique du 2 février 1852 sont jugés par la cour d'assises, et les délits par les tribunaux correctionnels. L'art. 463 du Code pénal, relatif aux circonstances atténuantes, peut être appliqué (Art. 48).

122. *Peine unique pour plusieurs crimes ou délits.* — En cas de conviction de plusieurs crimes ou délits, commis antérieurement au premier acte de poursuite, la peine la plus forte sera seule appliquée (Art. 49).

123. *Prescription de l'action publique et de l'action civile.* — L'action publique et l'action civile seront prescrites après trois mois, à partir du jour de la proclamation du résultat de l'élection (Art. 50).

124. *Les condamnations prononcées n'ont pas pour effet d'annuler l'élection.* — La condamnation, s'il en est prononcé, ne pourra, en aucun cas, avoir pour effet d'annuler l'élection, déclarée valide par les pouvoirs compétents, ou dûment définitive par l'absence de toute protestation régulière formée dans les délais voulus par les lois spéciales (Art. 51).

VÉRIFICATION DES OPÉRATIONS

ÉLECTORALES.

---

125. *Vérification.* — Les opérations électorales sont vérifiées par le Corps législatif, qui est seul juge de leur validité (D. org., art. 5).

La vérification des pouvoirs doit avoir lieu, alors même que le député élu est démissionnaire (Jurisprudence constante du Corps législatif). Il convient toutefois de relater une décision prise contrairement à ce principe le 5 déc. 1857. Le Corps législatif a déclaré qu'il n'y avait pas lieu de vérifier les pouvoirs du comte de Ségur, ce député ayant donné sa démission; mais les annales parlementaires contiennent de nombreuses décisions dans le sens contraire. Voir *Moniteur*, années 1843 (El. Langres), 1848 (El. Vaucluse et la Martinique), 1852 (Renouard et Cavaignac), et 1860 (comte de La Ferrière).

126. *Option du député élu dans plusieurs circonscriptions.* — Le député élu dans plusieurs circonscriptions électorales doit faire connaître son option au président du Corps législatif dans les dix jours qui suivent la déclaration de la validité de ces élections (D. org., art. 7).

A défaut d'option dans ce délai, la question est décidée par la voie du sort, en séance publique (L. 15 mars 1849, art. 91).

127. — *Option exigée entre toute fonction rétribuée et le mandat de député* (1). — Toute fonction publique rétribuée est incompatible avec le mandat de député au Corps législatif.

Tout fonctionnaire rétribué, élu député au Corps législatif, est réputé démissionnaire de ses fonctions par le seul fait de son admission comme membre du Corps législatif, s'il n'a pas opté avant la vérification de ses pouvoirs.

Tout député au Corps législatif est réputé démissionnaire par le seul fait de l'acceptation de fonctions publiques salariées (D. org., art. 29).

128. *Officiers généraux placés dans le cadre de*

(1) Les députés sont nommés pour six ans; ils reçoivent une indemnité de 2,500 fr. par mois pendant la durée de chaque session ordinaire ou extraordinaire. Les sessions ordinaires sont de trois mois (Const., art. 38 et 41, et S.-C., 25 déc. 1852, art. 14).

réserve. — Les officiers généraux placés dans le cadre de réserve peuvent être membres du Corps législatif. Ils sont réputés démissionnaires s'ils sont employés activement, conformément à l'art. 5 du décret du 1er décembre 1852, et à l'art. 3 de la loi du 4 août 1839 (Sénatus-consulte du 23 décembre 1852, art. 15).

DÉPENSES OCCASIONNÉES

PAR L'EXÉCUTION DES LOIS ÉLECTORALES.

---

129. *Imputation de ces dépenses.* — Une loi, en date du 7 août 1850, a réglé, ainsi qu'il suit, l'imputation des dépenses auxquelles donne lieu l'exécution des diverses lois électorales :

Article 1er. — Provisoirement, et jusqu'à la promulgation des lois organiques de l'administration des communes et des départements, les dépenses auxquelles donne lieu l'exécution des diverses lois électorales seront supportées et acquittées selon les règles ci-après :

Les frais de tenue des assemblées électorales pour l'élection, 1° des membres de l'Assemblée nationale (aujourd'hui des députés au Corps législatif) ; . . . . seront à la charge des communes dans lesquelles se fera l'élection.

. . . . . . Les frais d'impression des cadres pour la formation des listes électorales, ... des cadres d'électeurs, seront à la charge du département.

Art. 2. — Les dépenses mentionnées au deuxième paragraphe de l'art. 1er seront comprises au nombre de celles qu'énumère l'art. 30 de la loi du 18 juillet 1837 (c'est-à-dire au nombre des dépenses obligatoires des communes); les dépenses mentionnées dans le dernier paragraphe prendront place dans l'art. 12 de la loi du 10 mai 1838 (qui contient l'énumération des dépenses départementales obligatoires).

La loi du 5 mai 1855, relative aux communes, n'ayant en rien modifié les dispositions qui précèdent, et la loi organique de l'administration des départements n'ayant pas été faite, celle du 7 août 1850, que nous venons de reproduire, est encore en vigueur, et doit être appliquée.

CIRCULAIRES, PROFESSIONS DE FOI,

BULLETINS DE VOTE.

---

130. *Circulaires, professions de foi des candidats.* — Pendant les vingt jours qui précèdent les élections, les circulaires et professions de foi signées des candidats peuvent, après dépôt au parquet du procureur impérial, être affichées et distribuées sans autorisation de l'autorité municipale (L. du 16 juillet 1850, sur le cautionnement et le timbre des journaux, art. 10).

Deux conditions sont donc exigées pour que les circulaires et professions de foi des candidats puissent être affichées et distribuées sans qu'il soit besoin d'aucune autorisation :

1° Le dépôt préalable d'un exemplaire au parquet du procureur impérial ;

2° La signature du candidat sur l'exemplaire déposé.

Toute circulaire ou profession de foi, pour laquelle ces deux formalités n'auraient pas été remplies, serait privée du bénéfice de l'art. 10 précité, et ne pourrait être distribuée que conformément aux dispositions de l art. 6 de la loi sur la presse du 27 juillet 1849. Cet article est ainsi conçu :

« Tous distributeurs ou colporteurs de livres, écrits, brochures, gravures et lithographies, devront être pourvus d'une autorisation qui leur sera délivrée, pour le département de la Seine, par le préfet de police, et, pour les autres départements, par les préfets.

« Ces autorisations pourront toujours être retirées par les autorités qui les auront délivrées.

« Les contrevenants seront condamnés par les tribunaux correctionnels à un emprisonnement d'un mois à six mois, et à une amende de 25 f. à 500 f., sans préjudice des poursuites qui pourraient être dirigées pour crimes ou délits, soit contre les auteurs ou éditeurs de ces écrits, soit contre les distributeurs ou colporteurs eux-mêmes. »

Il convient d'ajouter que chaque exemplaire d'une circulaire ou profession de foi, soumise à l'autorisation préfectorale prévue par l'article qui précède, doit être frappé d'un timbre spécial à chaque préfecture, et apposé dans les bureaux.

Les circulaires qui ne porteraient pas cette estampille seraient immédiatement saisies. Pour éviter que le timbre ne soit contrefait, l'empreinte en est déposé à tous les parquets et à toutes les mairies. Par un rapprochement attentif, il est facile aux maires de se convaincre de l'authenticité ou de la fausseté de l'estampille dont les circulaires sont revêtues (Circ. int., 28 juillet 1852).

131. *Circulaires et professions de foi exemptes du timbre.* — Les circulaires électorales ou professions de foi distribuées dans l'intérêt des candidats à la députation ont été reconnues exemptes du timbre, par une décision du ministre des finances du 6 août 1857. Son Exc. a considéré que ces documents ne constituent pas des écrits politiques dans le sens du décret du 17 février 1852, et qu'ils sont plutôt des avis de candidature, publiés en vue de l'accomplissement d'un devoir public.

132. — *Bulletins de vote.* — Les bulletins de vote imprimés ou manuscrits, indiquant sans aucun commentaire le nom d'un candidat, sont compris dans le mot générique : « Ecrits », dont se sert l'art. 6 de la loi du 27 juillet 1849, et ne peuvent, en conséquence, être distribués sans l'autorisation du préfet du département. Les dispositions de cet article sont, en effet, générales, absolues, et punissent toute distribution d'écrits, quelles que soient leur nature ou leur forme, leur étendue ou leur brièveté (Arr. C. de cass., 20

mai 1854; 27 sept. et 16 nov. 1855, et 26 mars 1856).

Un bulletin électoral peut, toutefois, s'il fait connaître, avec le nom du candidat, l'élection à laquelle il est destiné, être considéré comme une manifestation de candidature et profiter, à ce titre, des franchises spéciales que l'art. 10 de la loi du 16 juillet 1850 accorde à la circulaire ou profession de foi, pourvu qu'il réunisse les conditions exigées pour cette circulaire, c'est-à-dire que l'exemplaire qui doit en tenir lieu soit signé du candidat, et déposé au parquet avant toute distribution. Après l'accomplissement de ces formalités, les bulletins destinés à exprimer le vote peuvent être distribués librement et sans signature pendant les vingt jours qui précèdent l'élection (Arr. C. de cass., 30 janvier 1857).

133. *Distribution accidentelle.* — L'art. 6 de la loi du 27 juillet 1849, aux termes duquel tout colporteur ou distributeur de livres, écrits, etc., doit être pourvu d'une autorisation du préfet, n'atteint pas seulement la profession de colporteur, mais encore la distribution accidentelle de bulletins électoraux par toute personne non autorisée, quels que soient son intérêt et sa qualité, que la distribution ait lieu gratuitement ou à prix d'argent, à domicile ou sur la voie publique (Arr. C. de Cass., 15 février 1850, 26 mars 1856 et 30 janvier 1857).

134. *Absence de dommage.* — En vain, les contrevenants s'excuseraient-ils sur ce qu'il n'est pas résulté de dommage, pour l'ordre public et les bonnes mœurs, du fait de distribution illégale qui leur est imputé : ledit article ayant pour objet, comme toute loi préventive, non de punir le mal que la distribution a fait, mais d'empêcher celui qu'elle peut faire (Arr. C. de Cass. 30 janv. 1857).

135. *Défaut d'autorisation, simple contravention.* — Le colportage ou la distribution de bulletins électoraux sans l'autorisation du préfet, constitue, non un délit, mais une simple contravention, qui existe toutes les fois que, sans autorisation préalable, on a accompli directement un fait quelconque de distribution ou de colportage de bulletins, mais en même temps ne réside que dans ce fait unique et personnel à l'agent de la distribution ou du colportage. — En conséquence, les peines édictées en cas d'infraction à cet article ne peuvent être prononcées que contre ceux qui se sont constitués eux-mêmes colporteurs ou distributeurs d'écrits, et non contre les complices, les art. 59 et 60 du Code pénal sur la complicité n'étant pas applicables en matière de contraventions (Arr. C. de Cass., 11 avril 1856).

TABLEAU

Indiquant le nombre et la composition des circonscriptions électorales des départements, pendant la période 1862-1867.

Ain.

1re Bourg. — Bagé-le-Châtel, Bourg, Ceyseriat, Coligny, Montrevel, Pont-d'Ain, Pont-de-Vaux, Saint-Trivier-de-Courtances, Treffort.

2e Gex. — Tout l'arrondissement.

Belley. — Belley, Champagne, Hauteville, L'Huis, Saint-Rambert, Seyssel, Virieu-le-Grand.

Nantua. — Brenod, Châtillon-de-Michaille, Izernore, Nantua, Oyonnax.

3e Trévoux. — Tout l'arrondissement.

Belley. — Ambérieu, Lagnieu.

Nantua. — Poncin.

Bourg. — Pont-de-Veyle.

Aisne.

1re Laon. — Anizy-le-Château, Chauny, Coucy-le-Château, Craonne, Crécy-sur-Serre, La Fère, Laon, Neufchâtel, Sissonne.

2e Saint-Quentin. — Tout l'arrondissement

3e Vervins. id.

Laon. — Marle, Rosoy.

4e Soissons. — Tout l'arrondissement.

Chateau-Thierry. id.

Allier.

1re Moulins. Gannat. — Chevagne, Montet, Moulins (Est), Moulins (Ouest), Neuvilly-le Réal, Souvigny, Chantel, Ebreuil, Saint-Pourçain.

2e Gannat. Lapalisse. Moulins. — Escurolles, Gannat, Cusset, Donjon, Jaligny, Lapalisse, Mayet-de-Montagne, Varennes-sur-Allier, Dompierre.

3e Montluçon. Moulins. — Cérilly, Commentry, Hérisson, Huriel, Marcillat, Montluçon (est), Montluçon (ouest), Montmarault, Bourbon-l'Archambault, Lurcy-Lévy.

Alpes (Basses-).

Circonscription unique.

Alpes (Hautes-).

Circonscription unique.

Alpes-Maritimes.

1re NICE. — Tout l'arrondissement.
PUGET-THÉNIERS. — Saint-Etienne, Saint-Sauveur, Villars.

2e GRASSE. — Tout l'arrondissement.
PUGET-THÉNIERS. — Guillaume, Puget-Théniers, Roquesteron.

Ardèche.

1re PRIVAS. — Antraigue, Aubenas, Bourg-Saint-Andéol, Chomérac, Lavoulte, Privas, Rochemaure, Villeneuve-de-Berg, Viviers.
TOURNON. — Le Cheylard.

2e LARGENTIÈRE. — Tout l'arrondissement.

3e TOURNON. — Annonay, Lamastre, Saint-Agrève, Saint-Félicien, Saint-Martin-de-Valamas, Saint-Péray, Satillieu, Serrières, Tournon, Vernoux.
PRIVAS. — Saint-Pierreville.

Ardennes.

1re Mézières. — Charleville, Flize, Mézières, Omont.
Sédan. — Tout l'arrondissement.

2e Rethel. — Asfeld, Château-Porcien, Juniville, Rethel.
Vouziers. — Tout l'arrondissement.

3e Mézières. — Monthermé.
Rethel. — Renwez, Signy-l'Abbaye, Novion-Porcien, Chaumont-Porcien.
Rocroi. — Tout l'arrondissement.

Ariége.

1re Foix. — Ax, Foix, Lavelanet, Les Cabannes, Quérigut, Tarascon.
Pamiers. — Mirepoix, Pamiers, Saverdun, Varilhes.

2e Saint-Girons. — Tout l'arrondissement.
Pamiers. — Le Fossat, Le Mas-d'Azil.
Foix. — La Bastide-de-Sérou, Vicdessos.

Aube.

1re Bar-sur-Seine. — Bar-sur-Seine, Chaource.
Troyes. — Aix-en-Othe, Bouilly, Ervy, Estissac, Troyes (les 3 cantons).

Nogent-sur-Seine. — Marcilly-le-Hayer, Romilly-sur-Seine, Nogent-sur-Seine.

2e Arcis-sur-Aube. — Tout l'arrondissement.

Bar-sur-Aube. id.

Bar-sur-Seine. — Essoyes, Les Riceys, Mussy-sur-Seine.

Nogent-sur-Seine. — Villenauxe.

Troyes. — Lusigny, Piney.

Aude.

1re Carcassonne. — Tout l'arrondissement.

Castelnaudary. id.

2e Limoux. id.

Narbonne. id.

Aveyron.

1re Rodez. — Bozouls, Cassagnes-Begonhès, La Salvetat, Marcillac, Naucelle, Réquista, Rodez, Salars.

Espalion. — Tout l'arrondissement.

2e Millau. id.

Saint-Affrique. id.

3e Villefranche. id.

Rodez. — Conques, Rignac, Sauveterre.

Bouches-du-Rhône.

1re MARSEILLE. — La Ciotat, Marseille (nord, intra muros), Marseille (centre, intra muros), Marseille (sud, intra muros).

2e AIX. — Aix (nord), Aix (sud), Gardanne, Lambesc, Martigues, Peyrolles, Trets.
MARSEILLE. — Marseille (nord, extra muros).

3e AIX. — Berre, Istres, Salon.
ARLES. — Arles (est), Arles (ouest), Châteaurenard, Eyguières, Orgon, Saintes-Maries, Saint-Rémy, Tarascon.

4e MARSEILLE. — Aubagne, Marseille (sud, extra muros), Marseille (centre, extra muros), Roquevert.

Calvados.

1re CAEN. — Bourguébus, Caen (les 2 cantons), Douvres, Evrecy, Troarn.
FALAISE. — Bretteville-sur-Laize.
LIZIEUX. — Mézidon.

2e BAYEUX. — Tout l'arrondissement.
CAEN. — Creuilly, Tilly-sur-Seulles, Villers-Bocage.

3e Lisieux. — Lisieux (les 2 cantons), Livarot, Orbec, Saint-Pierre-sur-Dives.

Pont-l'Evêque. — Tout l'arrondissement.

4e Falaise. — Morteaux-Coulibœuf, Falaise (les 2 divisions), Harcourt.

Vire. — Tout l'arrondissement.

Cantal.

1re Aurillac. — Tout l'arrondissement.

Mauriac. — Mauriac, Pléaux, Salers.

2e Murat. — Tout l'arrondissement.

Saint-Flour. id.

Mauriac. — Champs, Riom, Saignes.

Charente.

1re Angoulême. — Tout l'arrondissement.

2e Barbezieux. id.

Cognac. id.

3 Confolens. id.

Ruffec. id.

Charente-Inférieure.

1re La Rochelle. — Tout l'arrondissement.

Rochefort. — Aigrefeuille, Surgères.

2e ROCHEFORT. — Rochefort (les 2 cantons), Tonnay-Charente.

MARENNES. — Tout l'arrondissement.

SAINTES. — Saujon.

3e SAINTES. — Cozes, Gemozac, Pons, Saintes (les 2 c).

JONZAC. — Tout l'arrondissement.

4e SAINT-JEAN-D'ANGÉLY. id.

SAINTES. – Burie, Saint-Porchaire.

Cher.

1re BOURGES. — Bourges, Charost, Graçay, Levet, Lury, Mehun, Saint-Martin-d'Auxigny, Vierzon.

SAINT-AMAND. — Châteaumeillant, Châteauneuf, Le Châtelet, Lignières, Saulzais.

SANCERRE. — Aubigny.

2e BOURGES. — Baugy, Les Aix.

SAINT-AMAND. — Charenton, Dun-le-Roi, La Guerche, Nérondes, Saint-Amand, Sancoins.

SANCERRE. — Argent, Henrichemont, La Chapelle-d'Angillon, Léré, Sancergues, Sancerre, Vailly.

Corrèze.

1re TULLE. — Argentat, Corrèze, Egletons, Lapleau, La Roche-Canillac, Mercœur, Servières, Tulle (les 2 cantons).

Ussel. — Tout l'arrondissement.

2e Brives. id.

Tulle. — Uzerche, Seilhac, Treignac.

Corse.

1re Ajaccio. — Tout l'arrondissement.

Calvi. id.

Sartène. id.

Bastia. — Lama, Oletta, Saint-Florent, Santo-Pietro.

2e Bastia. — Bastia (Terra nova), Bastia (Terra vecchia), Borgo, Brando, Campile, Campitello, Cervione, Luri, Murato, Nonza, Pero-Casevecchie, Porta, Rogliano, San Martino, San Nicolao, Vescovato.

Corte. — Tout l'arrondissement.

Côte-d'Or.

1re Dijon. — Tout l'arrondissement.

2e Beaune. id.

3e Chatillon. id.

Semur. id.

Côtes-du-Nord.

1re Saint-Brieuc. — Châtelaudren, Etables, Lanvollon, Paimpol, Plœuc, Plouha, Quintin, Saint-Brieuc (nord), Saint-Brieuc (sud).

2e Dinan. — Broons, Dinan (est), Dinan (ouest), Evran, Jugon, Matignon, Plancoët, Plélon-le-Petit, Ploubalay.

Saint-Brieuc. — Lamballe, Pléneuf.

3e Guingamp. — Tout l'arrondissement.

4e Lannion. id.

5e Dinan. — Saint-Jouan-de-l'Isle.

Loudéac. — Tout l'arrondissement.

Saint-Brieuc. — Moncontour.

Creuse.

1re Guéret. — Tout l'arrondissement.

Boussac. id.

2e Aubusson. id.

Bourganeuf. id.

Dordogne.

1re Périgueux. — Tout l'arrondissement.

NONTRON. — Champagnac, Jumilhac, Lanouaille, Thiviers.

2e BERGERAC. — Tout l'arrondissement.

3e RIBÉRAC. id.

NONTRON. — Bussière, Mareuil, Nontron, Saint-Pardoux.

4e SARLAT. — Tout l'arrondissement.

Doubs.

1re BESANÇON. — Tout l'arrondissement

PONTARLIER. — Levier, Montbenoît, Mouthe, Pontarlier.

2e BEAUME. — Tout l'arrondissement.

MONTBÉLIARD. id.

PONTARLIER. — Morteau.

Drôme.

1re VALENCE. — Chabeuil, Loriol, Valence.

MONTÉLIMAR. — Grignan, Marsanne, Montélimar, Pierrelatte, Saint-Paul-Trois-Châteaux.

2e VALENCE. — Bourg-de-Péage, Le Grand-Serre, Romans, Saint-Donat, Saint-Jean-en-Royans, Saint-Vallier, Tain.

DIE. — La Chapelle-en-Vercors.

3e DIE. — Bourdeaux, Châtillon, Crest (nord), Crest (sud), Die, La Motte-Chalançon, Luc, Saillans

NYONS. — Tout l'arrondissement.

MONTÉLIMAR. — Dieu-le-Fit.

Eure.

1re EVREUX. — Evreux (sud), Damville, Verneuil, Nonancourt, S.-André, Vernon, Pacy-sur-Eure.

LES ANDELYS. — Ecos, Etrépagny, Gisors.

2e EVREUX. — Evreux (nord).

BERNAY. — Broglie, Beaumesnil, Beaumont.

EVREUX. — Rugles, Conches, Breteuil.

BERNAY. — Bernay.

3e PONTAUDEMER. — Pontaudemer, Beuzeville, Routot, Quillebœuf, Saint-Georges, Cormeilles, Montfort, Bourgtheroulde.

BERNAY. — Thiberville, Brionne.

4e LOUVIERS. — Louviers, Amfreville, Neubourg, Pont-de-l'Arche, Gaillon.

LES ANDELYS. — Fleury-sur-Andelle, Lyons-la Forêt, Les Andelys.

Eure-et-Loir.

1re CHARTRES. — Auneau, Chartres (les 2 cantons), Courville, Janville, Maintenon, Voves.

CHATEAUDUN. — Bonneval, Châteaudun, Cloyes, Orgères.

2e DREUX. — Tout l'arrondissement.

NOGENT-LE-ROTROU. id.

CHARTRES. — Illiers.

CHATEAUDUN. — Bron.

Finistère.

1re QUIMPER. — Tout l'arrondissement.

QUIMPERLÉ. id.

2e BREST. — Brest (les 3 cantons), Lannilis, Lesneven, Ouessant, Plabenec, Ploudalmezeau, Saint-Renan.

3e MORLAIX. — Tout l'arrondissement.

4e CHATEAULIN. id.

BREST. — Daoulas, Landerneau, Ploudiry.

Gard.

1re NIMES. — Nimes (3e canton), Marguerittes, Aramont, Beaucaire, Saint-Gilles, Vauvert, Aiguemortes, Sommières, Saint-Mamert.

2e NIMES. — Nimes (2e canton).

UZÈS. — Remoulins, Villeneuve, Roquemaure, Bagnols, Pont-Saint-Esprit, Uzès, Lussan, Saint-Chaptes.

3e Nimes. — Nimes (1er canton).

Alais. — Alais (est), Alais (ouest), La Grande-Combe, Genolhac, Saint-Ambroix, Barjac.

4e Le Vigan. — Tout l'arrondissement.

Alais. — Saint-Jean, Anduze, Lédiguan, Vézénobres.

Garonne (Haute-).

1re Toulouse. — Cadours, Grenade, Froton, Montastruc, Toulouse (centre), Verfeil, Villemur.

Villefranche. — Caraman, Lanta.

2e Toulouse. — Léguevin, Toulouse (nord), Toulouse (ouest).

Muret. — Cazères, Fousseret, Muret, Rieumes, Saint-Lys.

Saint-Gaudens. — L'Isle en-Dodon.

3e Toulouse. — Castanet, Toulouse (sud).

Muret.—Auterive, Carbonne, Cintegabelle, Montesquieu Rieux.

Villefranche. — Montgiscard, Nailloux, Revel, Villefranche.

4e Saint-Gaudens. — Aspect, Aurignac, Bagnères-de-Luchon, Boulogne, Montrejean, Saint-Béat,

Saint-Bertrand, Saint-Gaudens, Salies, Saint-Martory.

Gers.

1re Auch. — Auch (les 2 cantons), Gimont, Jegun, Saramon.

Lombez. — Tout l'arrondissement.

Lectoure. — Mauvezin.

2e Condom. — Cazaubon, Condom, Eauze, Montréal, Valence.

Lectoure. -- Fleurance, Lectoure, Miradoux, Saint-Clar.

3e Mirande. — Tout l'arrondissement.

Auch. — Vic-Fezensac.

Condom. — Nogaro.

Gironde.

1re Bordeaux. — Bordeaux (les 6 cantons), Blanquefort, Pessac

2e Bordeaux. — Audenge, Belin, Cadillac, Carbon-Blanc, Créon, Labrède, La Teste, Podensac.

3e Bazas. — Tout l'arrondissement.

La Réole. id.

4e Blaye. id.

Lesparre. — Tout l'arrondissement.

Bordeaux. — Castelnau, Saint-André.

5e Libourne. — Tout l'arrondissement.

Hérault.

1re Montpellier. – Aniane, Castries, Cette, Claret, Frontignan, Lunel, Matelles, Mauguio, Mèze, Montpellier (les 3 cantons).

2e Béziers. — Agde, Béziers (les 2 cantons), Capestang, Florensac, Montagnac, Murviel, Pézénas, Roujan, Servian.

Saint-Pons. — Saint-Chinian.

3e Lodève. — Tout l'arrondissement.

Saint-Pons. — Olargues, Olonzac, La Salvetat, Saint-Pons.

Béziers. — Bédarieux, Saint-Gervais.

Montpellier. – Ganges, Saint-Martin.

Ille-et-Vilaine.

1re Rennes. — Tout l'arrondissement.

Vitré. — Châteaubourg.

2e Saint-Malo. — Tout l'arrondissement.

Monfort. — Bécherel.

3e Fougères. — Tout l'arrondissement.

Vitré. — Argentré, La Guerche, Retiers, Vitré (les 2 cantons).

4° Redon. — Tout l'arrondissement.

Montfort. — Montauban, Montfort, Plélan, Saint-Méen.

Indre.

1re Chateauroux. — Tout l'arrondissement.

Le Blanc. — Le Blanc, Mézières, Saint-Gaultier, Tournon.

2e Issoudun. — Tout l'arrondissement.

La Chatre. id.

Le Blanc. — Bélabre, Saint-Benoit.

Indre-et-Loire.

1re Tours. — Tours (nord), Tours (centre), Château-la-Vallière, Château-Renault, Neuillé-Pont-Pierre, Neuvy-le-Roi, Vouvray.

2e Chinon. — Tout l'arrondissement.

Tours. — Montbazon.

3e Loches. — Tout l'arrondissement.

Tours. — Ambroise, Bléré, Tours (sud).

Isère.

1re Grenoble. — Allevard, Bourg-d'Oisans, Corps, Domène, Goncelin, Grenoble (les 3 cantons), Mons, Monestier-de-Clermont, La Mure, Le Touvet, Valbonnais, Vif, Vizille.

2e Saint-Marcellin. — Tout l'arrondissement.
Grenoble. — Clelles, Villard-de-Lans, Sassenage, Voiron.
Vienne. — Beaurepaire.

3e La Tour du Pin. — Tout l'arrondissement.
Grenoble. — Saint-Laurent-du-Pont.

4e Vienne. — La Côte-Saint-André, Heyrieu, Meyzieu, Roussillon, Saint-Jean-de-Bournay, Saint-Symphorien-d'Ozon, La Verpillière, Vienne (les 2 cantons).

Jura.

1re Lons-le-Saulnier. — Tout l'arrondissement.
Saint-Claude. id.

2e Dôle. id.
Poligny. id.

Landes.

1re Mont-de-Marsan. — Tout l'arrondissement.

SAINT-SEVER. — Aire, Geanne, Hagetmau, Saint-Sever.

2e DAX. — Tout l'arrondissement.

SAINT-SEVER. — Amou, Mugron, Tartas (les 2 cantons).

Loir-et-Cher.

1re ROMORANTIN. — Tout l'arrondissement.

BLOIS. — Blois (les 2 cantons), Bracieux, Mer, Montrichard, Saint-Aignan.

2e VENDÔME. — Tout l'arrondissement.

BLOIS. — Contres, Herbault, Marchenoir, Ozouer-le-Marché.

Loire.

1re SAINT-ETIENNE. — Pelussin, Rive-de-Gier, Saint-Chamond, Saint-Héand, Saint-Etienne (nord-ouest et sud-ouest).

2e SAINT-ETIENNE. — Bourg-Argental, Le Chambon, Saint-Etienne (nord-est et sud-est), Saint-Genest-Malifaux.

3e MONTBRISON. — Tout l'arrondissement.

4e ROANNE. id.

Loire (Haute-).

1re Le Puy. — Le Puy (les 2 cantons), Fay-le-Froid, Le Monastier, Pradeli, Saint-Julien, Chapte, Solignac, Loire.

Yssingeaux. — Tout l'arrondissement.

2e Brioude id.

Le Puy. — Allègre, Cayres, Crapoone, Loudes, Saint-Paulien Saugues, Vorey.

Loire-Inférieure.

1re Ancenis. — Tout l'arrondissement.

Chateaubriant. — Moisdon, Nozay, Saint-Julien-de-Vouvantes, Aigrefeuille.

Nantes. — Bouaye, Clisson, Machecoul, Saint-Philbert.

2e Nantes. — Carquefou, Le Loroux, Nantes (les 6 cantons), Vallet.

3e Savenay. — Blain, Guéméné, Herbignac, Pont-Château, Saint-Gildas, Saint-Nicolas.

Chateaubriant. — Savenay, Châteaubriant, Derval, Nort, Rougé.

4e Paimbœuf. — Tout l'arrondissement.

Savenay. — Guérande, Le Croisic, Saint-Nazaire, Saint-Etienne-de-Montluc.

Nantes. — Chapelle-sur-Erdre, Légé, Vertou.

Loiret.

1re Orléans. — Artenay, Beaugency, Meung, Neuville, Orléans : est, ouest, nord-est, nord-ouest (*int. muros*). sud, nord-est, nord-ouest (*extra muros*), Patay, Outarville.

Pithiviers. — Pithiviers.

2e Gien. — Tout l'arrondissement.

Orléans.—Châteauneuf, Cléry, Jargeau, La Ferté-Saint-Aubin, Orléans (sud *extra muros*).

3e Montargis. — Tout l'arrondissement.

Pithiviers. — Beaune-la-Rolande, Malesherbes, Puiseaux.

Lot.

1re Cahors. — Tout l'arrondissement.

Figeac. — Cajarc, Livernon.

Gourdon. — La Bastide-Murat.

2e Figeac. — Bretenoux, Figeac (les 2 cantons), Lacapelle-Marival, Latronquière, Saint-Céré.

Gourdon. — Gourdon, Gramat, Mariel, Payrac, Saint-Germain, Salviac, Souillac, Vayrac.

Lot-et-Garonne.

1re Agen. — Agen (1er canton), Agen (2me canton), Beauville, Laroque, Port-Sainte-Marie, Prayssas, Puymirol.

Villeneuve-d'Agen. — Fumel, Monflanquin, Penne, Sainte-Livrade, Tournon.

2e Marmande. — Castelmoron, Duras, Lauzun, Marmande, Seyches.

Villeneuve-d'Agen. — Cancon, Castillonnès, Monclar, Villeneuve-d'Agen, Villeréal.

3e Nérac. — Casteljaloux, Damazan, Francescas, Houeillès, Lavardac, Mézin, Nérac.

Agen. — Astaffort, Laplume.

Marmande. — Bouglon, Mas-d'Agenais, Meilhan, Tonneins.

Lozère.

Circonscription unique.

Maine-et-Loire.

1re Angers. — Angers (les 3 cantons), Briollay, Le Louroux, Béconnais, Les Ponts-de-Cé, Saint-Georges-sur-Loire.

Segré. — Candé, Le Lion-d'Angers.

2e SEGRÉ. - Châteauneuf-sur-Sarthe, Pouancé, Segré

BEAUGÉ. — Tout l'arrondissement.

3e SAUMUR. id.

ANGERS. — Thouars.

4e CHOLET. — Tout l'arrondissement.

ANGERS. — Chalonnes-sur-Loire.

Manche.

1re SAINT-LÔ. — Tout l'arrondissement.

AVRANCHES. — Villedieu.

MORTAIN. — Saint-Pois.

VALOGNES. — Barneville, Sainte-Mère-Eglise, Saint-Sauveur-le-Vicomte.

2e AVRANCHES. —Avranches, Brécey, Ducey, La Haye, Pesnel, Pontorson, Saint-James, Sartilly.

MORTAIN. — Barenton, Isigny, Le Teilleul, Mortain, Saint-Hilaire-du-Harcouet, Juvigny, Sourdeval.

3e COUTANCES. — Tout l'arrondissament.

AVRANCHES. — Grandville.

4e CHERBOURG. — Tout l'arrondissement.

VALOGNES. — Briquebec. Montebourg, Quettehou, Valognes.

Marne.

1re SAINTE-MENEHOULD. — Tout l'arrondissement.
VITRY-LE-FRANÇAIS. id.
CHALONS-SUR-MARNE. — Châlons-sur-Marne, Marson, Suippes.

2e EPERNAY. — Tout l'arrondissement.
CHALONS-SUR-MARNE. — Ecury-sur-Coole, Vertus.
REIMS. — Ay.

3e REIMS. — Beine, Bourgogne, Fismes, Châtillon, Reims (les 3 cantons), Verzy, Ville-en-Tardenois.

Marne (Haute-).

1re VASSY. — Tout l'arrondissement.
CHAUMONT. — Andelot, Bourmond, Châteauvillain, Chaumont, Juzennecourt, Saint-Blain, Vignory.

2e LANGRES. — Tout l'arrondissement.
CHAUMONT. — Arc-en-Barrois, Clefmont, Nogent-le-Roi.

Mayenne.

1re LAVAL. — Argentré, Chailland, Evron, Laval (les 2 cantons), Meslay, Montsurs, Sainte Suzanne.

MAYENNE. — Bais, Ernée.

2e MAYENNE. — Ambrières, Couptrain, Gorron, Landivy, Lassay, Le Horps, Mayenne (les 2 cantons), Pré-en-Pail, Villaines-la-Juhel.

3e CHATEAU-GONTHIER. — Tout l'arrondissement.

LAVAL. — Loiron.

Meurthe.

1re TOUL. — Tout l'arrondissement.

NANCY. — Nancy (nord), Nancy (ouest), Vézelise, Haroué, Pont-à-Mousson, Nomeny.

CHATEAU-SALINS. — Delme, Château-Salins, Vic.

2e LUNÉVILLE. — Bayon, Gerbéviller, Lunéville (nord), Lunéville (sud).

NANCY. — Nancy (est), Saint-Nicolas.

3e SARREBOURG. — Tout l'arrondissement.

CHATEAU-SALINS. — Dieuze, Albestroff.

LUNÉVILLE. — Blamont, Baccarat.

Meuse.

1re BAR-LE DUC. — Ancerville, Bar-le-Duc, Ligny, Montiers-sur-Saulx, Revigny, Vavincourt.

COMMERCY. — Commercy, Gondrecourt, Pierrefitte, Vaucouleurs, Void.

2e Bar-le-Duc. — Triaucourt, Vaubecourt.
Commercy. — Saint-Mihiel, Vigneulles.
Verdun. — Clermont, Fresnes-en-Woëvre, Souilly, Verdun.

3e Montmédy. — Tout l'arrondissement.
Verdun. — Charny, Etain, Varennes.

Morbihan.

1re Vannes. — Tout l'arrondissement.
Lorient. — Belle-Isle-en-Mer.
Ploermel. — Malestroit.

2e Lorient. — Auray, Belz, Hennebont, Lorient (les 2 cantons), Plouay, Pluvigner, Pont-Scorff, Port-Louis, Quiberon.
Napoléonville. — Gourin, Le Faouet.

3e Ploermel. — Guer, Josselin, La Trinité, Mauron, Ploërmel, Rohan, Saint-Jean, Brévelay.
Napoléonville. — Baud, Cléguérec, Guémené, Locminé, Napoléonville.

Moselle.

1re Metz. — Boulay, Gorze, Metz (les 3 cantons), Pange, Verny, Vigy.

2e Briey. — Tout l'arrondissement.
Thionville. id.

3e SARREGUEMINES. — Tout l'arrondissement.
METZ. — Faulquemont.

Nièvre.

1re NEVERS. — Nevers, Decize, Dornes, Fours, Saint-Pierre, Saint-Saulge, Saint-Benin-d'Azy.
CHATEAU-CHINON. — Luzy, Moulins-Engilbert.

2e NEVERS. — Pougues.
COSNE. — La Charité, Pouilly, Cosne, Donzy, Saint-Amand, Prémery.
CLAMECY. — Varzy.

3e CLAMECY. — Brinon, Clamecy, Corbigny, Lormes, Tannay.
CHATEAU-CHINON. — Château-Chinon, Châtillon, Monsauche.

Nord.

1re DUNKERQUE. — Dunkerque (est), Dunkerque (ouest), Gravelines, Bourbours, Bergues, Hondschoote, Wormhoudt.
HAZEBROUCK. — Cassel, Hazebrouck (nord-est), Hazebrouck (sud-ouest).

2e HAZEBROUCK. — Steenvoorde, Bailleul (sud-ouest), Bailleul (nord-ouest).

LILLE. — Armentières, Quesnoy-sur-Deule, Lille (centre), Lille (nord-est), Lannoy.

3e LILLE. — Lille (ouest), Lille (sud-ouet), Lille (sud-est), Pont-à-Maroq, Haubourdin, La Bassée.

HAZEBROUCK. — Merville.

4e LILLE. — Tourcoing (nord), Tourcoing (sud), Roubaix, Cysoing, Seclin.

5e DOUAI. — Douai (nord), Douai (ouest), Douai (sud), Marchiennes, Orchies, Arleux.

6e VALENCIENNES. — Valenciennes (sud), Valenciennes (nord), Valenciennes (est), Saint-Amand (rive droite), Saint-Amand (rive gauche), Condé.

7e CAMBRAI. — Cambrai (est), Cambrai (ouest), Carnières, Marcoing.

VALENCIENNES. — Bouchain.

8e CAMBRAY. — Le Cateau, Clary, Solesmes.

AVESNES. — Le Quesnoy (est), Le Quesnoy (ouest).

9e AVESNES. — Avesnes (nord), Avesnes (sud), Trélon, Landrecies, Berlaimond, Bavai, Maubeuge, Solre-le-Château.

Oise.

1re BEAUVAIS. — Auneuil, Beauvais (nord), Beauvais (sud), Chaumont, Coudray, Saint-Germer, Formerie, Grandvillers, Marseille, Nivillers, Noailles, Songeons.

Clermont. — Crèvecœur.

2e Clermont. — Breteuil, Clermont, Froissy, Liancourt, Maignelay, Mouy, Saint-Just.

Compiègne. — Estrées-Saint-Denis.

Senlis. — Neuilly-en-Thelle, Creil.

Beauvais. — Méru.

3e Compiègne. — Attichy, Compiègne, Guiscard, Lassigny, Noyon, Ressons, Ribecourt.

Senlis. — Betz, Crépy, Nanteuil, Pont-Sainte-Maxence, Senlis.

Orne.

1re Alençon. — Tout l'arrondissement.

Mortagne. — Bellême, Le Theil, Longni, Mortagne, Nocé, Pervenchères, Rémalard.

2e Argentan. — Argentan, Ecouché, Exmes, Gacé, La Ferté-Frènel, Merlerault, Mortrée, Putanges, Trun, Vimoutiers.

Mortagne. — Bazoches-sur-Hoëne, Laigle, Moulins-la-Marche, Tourouvre.

3e Domfront. — Tout l'arrondissement.

Argentan. — Briouze.

Pas-de-Calais.

1re Arras. — Arras (nord), Arras (sud), Vimy, Vitry.
Béthune. — Lens.
Saint-Pol. — Aubigny.

2e Béthune. — Béthune, Houdain, Carvin, Cambrin, Lillers, Laventie.

3e Boulogne. — Boulogne, Calais.
Saint-Omer. — Ardres, Audruick.
Boulogne. — Guines, Marquise, Desvres.

4e Montreuil. — Montreuil, Etaples
Boulogne. — Samer.
Montreuil. — Hesdin.
Saint-Pol. — Auxi-le-Château, Le Parcq, Heuchin.
Montreuil. — Campagne.

5e Saint-Omer. — Saint-Omer (nord), Saint-Omer (sud), Aire, Lumbres.
Béthune. — Norrent-Fontes.
Saint-Omer. — Fauquembergues.
Montreuil. — Fruges, Hucqueliers.
Saint-Pol. — Saint-Pol, Avesnes-le-Comte.

6e Arras. — Beaumetz-les-Loges, Pas, Croisilles, Bapaume, Bertincourt, Marquion.

Puy-de-Dôme.

1re CLERMONT. — Bourg-Lastic, Clermont (nord), Clermont (sud-ouest), Herment, Rochefort, Saint-Amant-Tallende, Veyre-Monton.

ISSOIRE. — Besse, Champeix, Latour, Tauves.

2e CLERMONT. — Billom, Clermont (est), Clermont (sud), Pont-du-Château, Vertaison, Vic-le-Comte.

ISSOIRE. — Ardes, Issoire, Saint-Germain-Lembron.

3e CLERMONT. — Saint-Dier.

ISSOIRE. — Jumeaux, Sauxillanges.

AMBERT. — Tout l'arrondissement.

4e RIOM. — Aigueperse, Combronde, Mansat, Menat, Montaigut, Pionsat, Pontaumur, Pontgibaut, Riom (les 2 cantons), Saint-Gervais.

5e THIERS. — Tout l'arrondissement.

RIOM. — Ennezat, Randan.

Pyrénées (Basses-).

1re PAU. — Tout l'arrondissement.

OLORON. — Arudy, Laruns.

2e ORTHEZ. — Tout l'arrondissement.

Oloron. — Accous, Aramits, Lasseube, Monein, Oloron (les 2 cantons).

3e Bayonne. — Tout l'arrondissement.

Mauléon. id.

Pyrénées (Hautes-).

1re Tarbes. — Castelnau-Rivière-Basse, Maubourguet, Ossun, Pouyastruc, Rabastens, Tarbes (les 2 cantons), Vic.

Argelès. — Tout l'arrondissement.

2e Bagnères. id.

Tarbes. — Galan, Tournay, Trie.

Pyrénées-Orientales.

Circonscription unique.

Rhin (Bas-).

1re Strasbourg. — Strasbourg (les 4 cantons), Geispolsheim, Brumath, Schiltigheim, Truchtersheim.

2e Saverne. — Tout l'arrondissement.

Strasbourg. — Wasselonne, Molsheim.

3e Schélestadt. — Tout l'arrondissement.

4e WISSEMBOURG. — Tout l'arrondissement.
STRASBOURG. — Haguenau, Bischviller.

Rhin (Haut-).

1re COLMAR. — Colmar, Sainte-Marie-aux-Mines, Ribeauvillé, Munster, Neufbrisach, Andolsheim, Kaysersberg, La Poutroye, Wintzenheim.

2e MULHOUSE. — Mulhouse (nord), Mulhouse (sud),
COLMAR. — Guebwiller, Soultz, Ensisheim, Rouffach.

3e MULHOUSE. — Altkirch, Hirsingen, Landser, Habshelm, Huningue, Ferrette.
BELFORT. — Dannemarie.

4e BELFORT. — Belfort, Delle, Fontaine, Giromagny, Massevaux, Saint-Amarin, Thann, Cernay.

Rhône.

1re LYON. — Lyon (1er canton), Lyon (7e canton), Lyon (3e canton), Lyon (4e canton).

2e LYON. — Lyon (2e canton), Lyon (5e canton), Lyon (6e canton), Limonest, Vaugueray.

3e LYON. — Lyon (8e canton), Villeurbanne, Neuville.
VILLEFRANCHE. — Anse.
LYON. — Arbresle.
VILLEFRANCHE. — Tarare.

4e LYON. — Saint-Genis-Laval, Givors, Condrieu, Mornant, Saint-Symphorien-sur-l'Oise, Saint-Laurent-de-Chamousset.

5e VILLEFRANCHE. — Villefranche, Bois-d'Oingt, Lamure, Thysy, Monsols, Beaujeu, Belleville.

Saône (Haute-).

1re VESOUL. — Tout l'arrondissement.

2e LURE. id.

3e GRAY. id.

Saône-et-Loire.

1re AUTUN. — Autun, Couches, Epinac, Lucenay-l'Evêque, Mesvres, Montcenis, Saint-Léger-sous-Beuvray.

CHALON-SUR-SAÔNE. — Chagny, Givry.

2e CHALON-SUR-SAÔNE. — Buxy, Châlon-sur-Saône (nord), Châlon-sur-Saône (sud), Mont-Saint-Vincent, Saint-Germain-du-Plain, saint-Martin-en-Bresse, Sennecey-le-Grand, Verdun-sous-le-Doubs.

LOUHANS. — Pierre.

3e CHAROLLES. — Bourbon-Lancy, Charolles, Digoin, Gueugnon, La Guiche, Marcigny, Palinges,

Paray-le-Monial, Saint-Bonnet-de-Joux, Semur-en-Brionnais, Toulon-sur-Arroux.

AUTUN. – Issy-l'Evêque.

4e LOUHANS. – Beaurepaire, Cuiseaux, Cuisery, Louhans, Montpont, Montret, Saint-Germain-du-Bois.

MACON. — Lugny, Saint-Gengoux-le-Royal, Tournus.

5e MACON. – Cluny, La Chapelle, Mâcon (nord), Mâcon (sud), Matour.

CHAROLLES. — Tramayes, Chauffailles, La Clayette.

Sarthe.

1re SAINT-CALAIS. – Bouloire, Saint-Calais, Vibraye.

MAMERS. — Marolles-les-Braults, Montmirail, Tuffé.

LE MANS. — Ballon, Le Mans (1er canton), Montfort.

2e MAMERS. — Beaumont-sur-Sarthe, Bonnétable, Fresnay, La Ferté-Bernard, La Fresnaye, Mamers, Saint-Paterne.

LE MANS. — Conlie, Sillé-le-Guillaume.

3e LA FLÈCHE. - Brûlon, La Flèche, Le Lude, Malicorne, Sablé.

LE MANS. — Le Mans (2e canton), La Suze, Loué.

4e LE MANS. — Le Mans (3e canton), Ecommoy.
LA FLÈCHE. — Mayet, Pontvallain.
SAINT-CALAIS. — Château-du-Loir, La Chartre. Grand-Lucé.

Savoie.

1re CHAMBÉRY. — Tout l'arrondissement.
2e ALBERTVILLE. id.
MOUTIERS. id.
SAINT-JEAN-DE-MAURIENNE. id.

Savoie (Haute-).

1re ANNECY. — Tout l'arrondissement.
SAINT-JULIEN. id.
2e BONNEVILLE. id.
THONON. id.

Seine.

1re QUARTIERS. — Auteuil, La Muette, Porte-Dauphine, Les Bassins, Les Ternes, Plaine, Monceaux, Batignolles, Les Epinettes, Grandes-Carrières, Clignancourt, Goutte-d'Or, La Chapelle, La Villette, Pont-de-Flandre.
2e QUARTIERS. — Palais-Royal, Place Vendôme,

Gaillon, Champs-Elysées, Faubourg du Roule, Madeleine, Europe, Saint-Georges, La Chaussée-d'Antin.

3e Quartiers. — Saint-Germain-l'Auxerrois, Les Halles, Vivienne, Le Mail, Bonne-Nouvelle, Saint-Merri, Notre-Dame, Faubourg-Montmartre, Rochechouart.

4e Quartiers. — Arts-et-Métiers, Enfants-Rouges, Sainte-Avoye, Saint-Vincent-de-Paul, Porte-Saint-Denis, Porte-Saint-Martin, Hôpital-Saint-Louis.

5e Quartiers. — Archives, Saint-Gervais, Arsenal, Folie-Méricourt, Saint-Ambroise, La Roquette, Sainte-Marguerite.

6e Quartiers. — Saint-Thomas-d'Aquin, Les Invalides, Ecole-Militaire, Gros-Caillou, Sorbonne, Monnaie, Odéon, N.-D.-des-Champs, Saint-Germain-des-Prés.

7e Quartiers. — Saint-Victor, Jardin-des-Plantes, Val-de-Grâce, La Salpêtrière, La Gare, La Maison-Blanche, Croulebarbe, Montparnasse, La Santé, Petit-Montrouge, Plaisance, Saint-Lambert, Necker, Grenelle, Javel.

8e Quartiers. —Amérique, Combat, Belleville, Saint-Fargeau, Père-Lachaise, Charonne.

Saint-Denis — Tout l'arrondissement.

9e QUARTIERS. — Bel-Air, Picpus, Bercy, Quinze-Vingts.

SCEAUX. — Tout l'arrondissement.

Seine-Inférieure.

1re ROUEN. — Rouen (les 6 cantons), Boos, Darnétal.

2e ROUEN. — Duclair, Elbeuf, Grand-Couronne, Maromme, Pavilly.

YVETOT. — Caudebec.

3e NEUFCHATEL. — Tout l'arrondissement.

ROUEN. — Buchy, Clères.

DIEPPE. — Eu.

4e DIEPPE. — Bacqueville, Bellencombre, Dieppe, Envermeu, Longueville, Offranville, Totes.

YVETOT. — Fontaine-le-Dun, Yerville.

5e YVETOT. — Cany, Doudeville, Fauville, Ourville, Saint-Valery, Valmont, Yvetot.

LE HAVRE. — Bolbec, Lillebonne.

6e LE HAVRE. — Criquetot, Fécamp, Goderville, Le Havre (les 2 cantons), Montivilliers, St-Romain.

Seine-et-Marne.

1re MELUN. — Le Châtelet, Melun (nord), Melun (sud), Mormant.

Fontainebleau. — Châteaulandon, Fontaine-La-Chapelle-la-Reine, Lorrez-le-Bocage, Montereau, Moret, Nemours.

2e Meaux. — Claye, Crécy, Dammartin, La Ferté-sur-Jouarre, Lagny, Lisy-sur-Ourcq, Meaux.

Melun. — Brie-Comte-Robert, Tournan.

3e Coulommiers. — Coulommiers, La Ferté-Gaucher, Rebais, Rozoy.

Provins. — Bray-sur-Seine, Donnemarie, Nangis, Provins, Villiers-Saint-Georges.

Seine-et-Oise.

1re Versailles. — Argenteuil, Marly-le-Roi, Palaiseau, Saint-Germain-en-Laye, Sèvres, Versailles (les 3 cantons).

Rambouillet. — Chevreuse.

Corbeil. — Tout l'arrondissement.

2e Etampes. id.

Rambouillet. — Dourdan (les 2 cantons).

3e Pontoise. — Tout l'arrondissement.

Versailles. — Meulan, Poissy.

4e Mantes. — Tout l'arrondissement.

Rambouillet. — Limours, Montfort-l'Amaury, Rambouillet.

Sèvres (Deux-).

1re NIORT. — Beauvoir, Frontenay, Mauzé, Niort (les 2 cantons), Prahecq.

MELLE — Brioux, Celles, Chef-Boutonne, Lezay, Melle, Sauzé-Vaussais.

2e NIORT. — Champdeniers, Coulonges, Saint-Maixent (les 2 cantons).

PARTHENAY. — Mazières, Menigoute, Parthenay, Secondigny.

MELLE. — La Mothe-Saint-Hérage.

BRESSUIRE. — Tout l'arrondissement.

3e PARTHENAY. — Airvault, Moncoutant, Saint-Loup, Thénezay.

Somme.

1re AMIENS. — Amiens (les 4 cantons), Hornoy, Moiliens-Vidame, Oisemont, Poix.

ABBEVILLE. — Gamaches, Hallencourt, Moyenneville.

2e ABBEVILLE. — Abbeville (les 2 cantons), Ailly-le-Haut-Clocher, Ault, Crècy, Nouvion, Rue, Saint-Valery.

3e PÉRONNE. — Bray, Chaulnes, Combles, Ham, Nesle, Péronne, Roisel.

MONTDIDIER. — Rosières.

4ᵉ MONTDIDIER. — Ailly-sur-Noye. Montdidier, Moreuil, Roye.

AMIENS. — Conty, Sains, Villers-Bocage.

5ᵉ DOULLENS. — Doullens, Bernaville. Acheux.

AMIENS. — Domart, Corbie, Picquigny.

PÉRONNE. — Albert.

Tarn.

1ʳᵉ ALBI. — Alban, Albi, Monestiès, Pampelonne, Réalmont, Valderiès, Valence, Villefranche.

CASTRES. — Lautrec, Montredon.

GAILLAC. — Cadalen, Cordes.

2ᵉ CASTRES. — Saint-Amans-Soult, Anglès, Brassac, Castres, Dourgne, Labruguière, Lacaune, Mazamet, Murat, Roquecourbe, Vabre, Vielmur.

3ᵉ GAILLAC. — Castelnaude-Montmiral, Gaillac, Lisle, Rabastens, Salvagnac, Vaour.

LAVAUR. — Cuq-Toulza, Graulbot, Lavaur, Saint-Paul, Puylaurens.

Tarn-et-Garonne.

1ʳᵉ MONTAUBAN. — Tout l'arrondissement.

MOISSAC. — Lauzerte, Montaigu.

2ᵉ CASTEL-SARRAZIN. — Tout l'arrondissement.

MOISSAC. — Auvillard, Bourg-de-Visa, Moissac, Valence.

Var.

1re DRAGUIGNAN. — Tout l'arrondissement.
BRIGNOLES. — Tavernes, Cotignac, Besse.
TOULON. — Collobrières.

2e BRIGNOLES. — Brignoles, Barjols, Rians, Roquebrussane, Saint-Maximin.
TOULON. — Toulon (est), Toulon (ouest), Beausset, Cuers, Hyères, Ollioules, Solliès-Pont.

Vaucluse.

1re AVIGNON. — Tout l'arrondissement.
CARPENTRAS. id.

2e APT. id.
ORANGE. id.

Vendée.

1re NAPOLÉON-VENDÉE. — Napoléon-Vendée, Chantonnay, Les Essarts, Les Herbiers, Mareuil, Montaigu, Mortagne, Saint-Fulgent.
FONTENAY-LE-COMTE. — Sainte-Hermine.

2e FONTENAY-LE-COMTE. — Chaillé-les-Marais, Fontenay-le-Comte, La Châtaigneraie, L'Hermenault, Maillezais, Pouzauges, Luçon, Saint-Hilaire-des-Loges.

3e Les Sables-d'Olonne. — Tout l'arrondissement.
Napoléon-Vendée. — Le Poiré, Rocheservière.

Vienne.

1re Chatellerault. — Châtellerault, Dangé, Leigné-sur-Usseau, Pleumartin, Vouneuil-sur-Vienne.
Montmorillon. — Tout l'arrondissement.

2e Chatellerault. — Lencloître.
Loudun. — Tout l'arrondissement.
Poitiers. — Mirebeau, Neuville, Poitiers (nord), Saint-Georges, Saint-Julien, Vouillé.

3e Civray. — Tout l'arrondissement.
Poitiers. — Lavilledieu, Lusignan, Poitiers (sud), Vivone.

Vienne (Haute-).

1re Limoges. — Ambazac, Châteauneuf, Eymoutiers, Laurière, Limoges (les 2 cantons), Pierre-Buffière, Saint-Léonard.
Bellac. — Bessines, Châteauponsac, Saint-Sulpice-les-Feuilles.

SAINT-YRIEIX. — Saint-Germain.

ROCHECHOUART. — Tout l'arrondissement.

2e SAINT-YRIEIX. — Chalus, Nexon, Saint-Yrieix.

BELLAC. — Bellac, Le Dorat, Magnac-Laval, Mézières, Nantiat.

LIMOGES. — Aix, Nieul.

Vosges.

1re EPINAL. — Tout l'arrondissement.

REMIREMONT. — Plombières, Remiremont, Le Thillot.

2e MIRECOURT. — Tout l'arrondissement.

NEUFCHATEAU. id.

3e SAINT-DIÉ. id.

REMIREMONT. — Saulxures.

Yonne.

1re AUXERRE. — Auxerre (les 2 cantons), Coulange-la-Vineuse, Courson, Ligny, Saint-Florentin, Saint-Sauveur, Seignelay, Toucy.

JOIGNY. — Aillant, Bléneau, Charny, Saint-Fargeau.

2e SENS. — Tout l'arrondissement.

JOIGNY. — Brienon, Cerisiers, Joigny, Saint-Julien-du-Sault, Villeneuve-sur-Yonne.

3e AVALLON. — Tout l'arrondissement.

TONNERRE. id.

AUXERRE. — Chablis, Coulange-sur-Yonne, Vermenton.

FIN

TABLE

DES MATIÈRES.

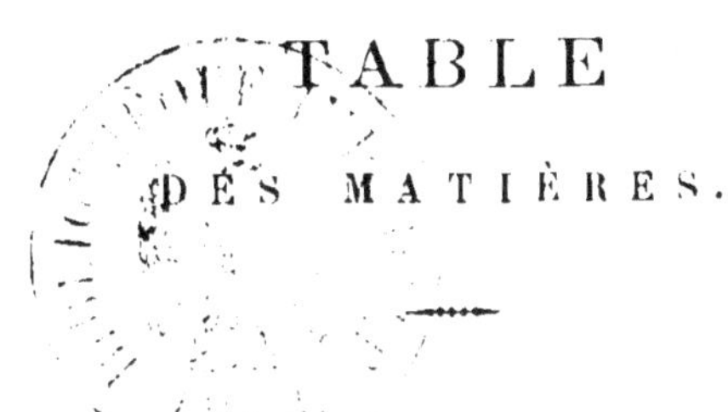

DISPOSITIONS PRÉLIMINAIRES.

DE L'ÉLECTORAT.

DE L'ÉLIGIBILITÉ.

CIRCONSCRIPTIONS ÉLECTORALES.

DES LISTES ÉLECTORALES.

DES COLLÉGES ÉLECTORAUX.

Numéros d'ordre.

DISPOSITIONS PÉNALES.

Numéros d'ordre.

Numéros d'ordre.

VÉRIFICATION DES OPÉRATIONS ÉLECTORALES.

DÉPENSES OCCASIONNÉES PAR L'EXÉCUTION DES LOIS ÉLECTORALES.

CIRCULAIRES, PROFESSIONS DE FOI, BULLETINS DE VOTE.

FIN DE LA TABLE.

Le Mans. — Typ. Monnoyer frères. — Fév. 1863.

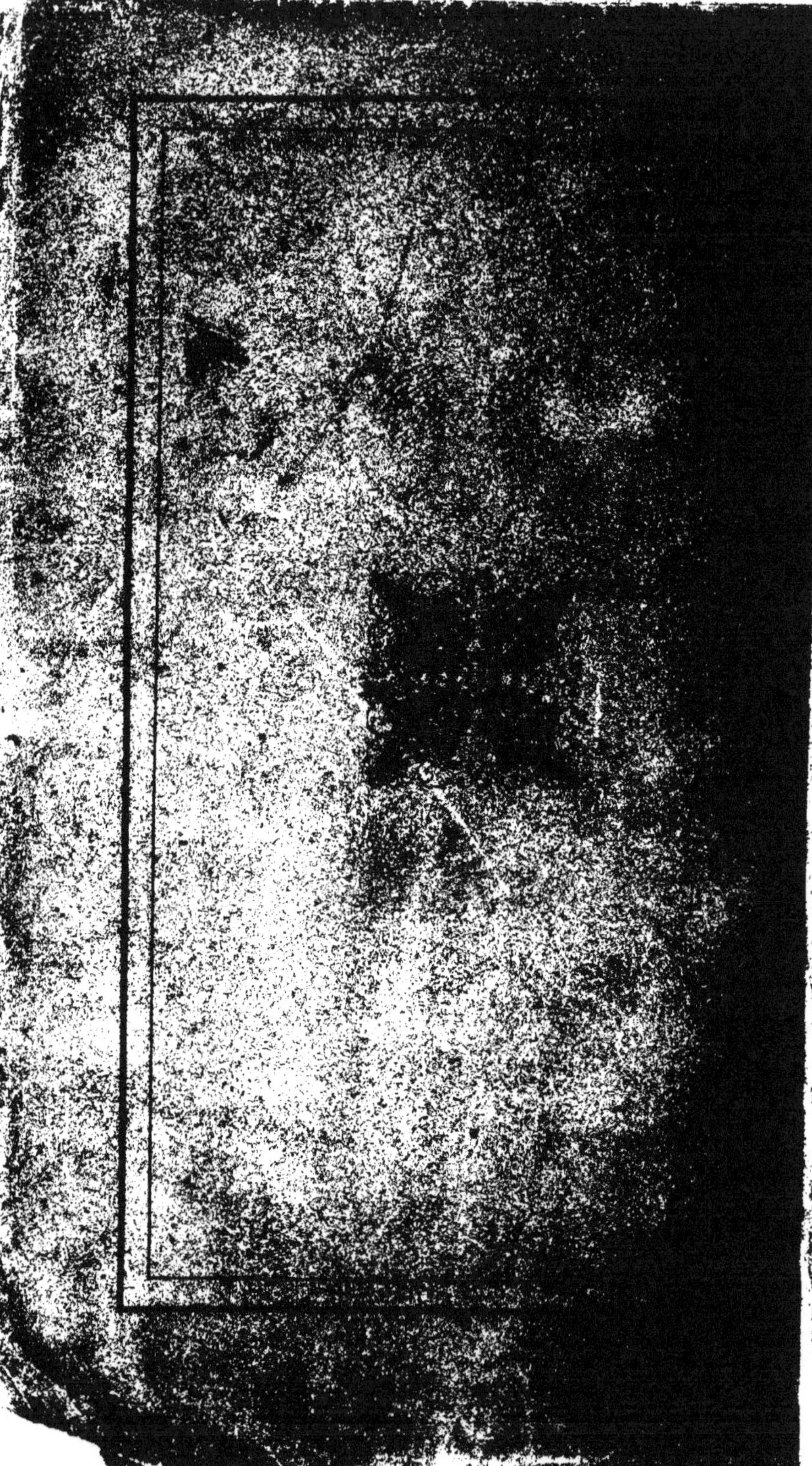

www.ingramcontent.com/pod-product-compliance
Lightning Source LLC
LaVergne TN
LVHW020019170826
845678LV00001B/42

9782329794471